L'Orphée

De La Bibliothèque des PP. Celestins de Paris

LA LYRE

DV

SIEVR TRISTAN.

CVRVATA RESVRGO

A PARIS,

Chez Avgvstin Covrbé, Libraire & Imprimeur de
Monsieur frere du Roy, dans la petite Salle
du Palais, à la Palme.

M. DC. XXXXI.

AVEC PRIVILEGE DV ROY.

Dürer.

A
MONSIEVR
DE
MONTAVRON.

MONSIEVR,

Il y a long temps que i'honore particu-
lierement voſtre merite, & que ie fay deſ

ein d'en laiſſer d'immortelles preuuès à
oute la Terre. Il ſemble que les Muſes qui
doiuent diſpenſer iuſtement la Gloire, ſeroient ſuſpectes de mauuaiſe foy, ſi el-
es manquoient de vous en donner beaucoup. Quand elles vous feront libera-
ement des faueurs, elles ne ſeront pas acu-
ſées en cette occaſion, d'en eſtre prodi-
gues ; vous poſſedez des qualitez qui ſont
bien de la proportion de leurs plus ſuper-
bes loüanges. L'Enuie à qui l'éclat des belles choſes bleſſe les yeux; & à qui les bruits
auantageux font mal aux oreilles, ne peut
murmurer contre vous : on peut dire que
vos actions ont confondu toute ſa malice. Auſſi, M O N S I E V R, elle ne peut
trouuer rien que de pur & de ſolide en vô-
tre vie : tout y eſt excellent depuis la raci-
ne, iuſqu'à la fleur & au fruit. Vous auez reçeu beaucoup d'auantages de la Nature,
pour l'Eſprit & pour le Courage, & vous
auez la iuſte reputation de les auoir bien

cultiuez. Vous auez rendu ces Talens bien
vifibles, en toutes fortes d'ocafions; Vous
auez porté les armes auec honneur dés les
premieres années de voftre ieuneffe ; & fi
le Ciel qui fait les vocations des hommes
comme il luy plaift , ne vous auoit point
retiré de ce glorïeux Exercice , il n'y a
point de doute que vous auriez porté dignement les plus hautes Dignitez Militai-
res. Apres tout cela, MONSIEVR, la
Fortune n'a pû s'empefcher de vous faire
Iuftice, en vous regardant fauorablement
mais vous ne l'auez point fubornée auec
d'illicites moyens ; vous l'auez pluftoft
contrainte à vous obliger, par les charme
de voftre Vertu. Vous fçauez receuoir
comme il faut les profperitez qu'elle vou
enuoye; Vous ne vous rendez pas Efclaue de fes prefens comme beaucoup d'autres : vous aimez mieux les employer
vous faire des Seruiteurs. Bien loin de
vous attacher honteufement aux riches

EPISTRE.

ſes, vous ne conſiderez le Bien que pour
le faire ſeruir à voſtre gloire. Auſſi n'y a-t'il
perſonne qui regarde vos proſperitez a-
uec regret, vous les poſſedez trop legiti-
mement, tout le monde en ſouhaite l'augmentation & la durée; Mais c'eſt la moindre partie des vœux, que fait en voſtre
faueur,

MONSIEVR,

Voſtre tres-humble ſeruiteur,
TRISTAN L'HERMITE.

A
MONSIEVR
DE
MONTAVRON.

ODE.

MONTAVRON, les *Edifices*
Du plus beau marbre éclatans,
Sont de pompeux Sacrifices
Offerts à la faux du Temps.
Les Dieux auoient basty Troye
Qui bien tost seruit de proye
A de grands embraZemens :
Et de ses Palais superbes ,
A peine les fondemens
Se treuuent parmy les herbes.

A

ODE.

❦❦❦

Mais les vers du grand Homere
Sont encore glorieux,
Malgré la Parque severe
Et les ans iniurieux.
Par eux on void comme Achille
Traine à l'entour de la ville
Le corps d'Hector terracé :
Et fait d'vn bras redoutable
De son Amy trépaßé,
La vangeance memorable.

❦❦❦

Le Temps a détruit de Rhodes
Le grand Coloße d'airain :
Mais non pas gafté les Odes
De l'agreable Thebain.
Et quoy que Mars ait pû faire
Pour se rendre tributaire
Ce Lieu qui fut sans pareil ;
Vne chançon plus qu'humaine
Nous apprend que le Soleil
En fit son premier Domaine.

Ces Ouurages magnifiques
Apres vingt Siecles passez,
Marquent des noms heroïques
Qui ne sont point effacez,
On connoist par cette Muse,
Le Prince de Syracuse
Dont le cœur fut releué :
Et les lumieres secrettes
De l'Enfant qui fut trouué
Sur vn lit de violettes.

Aussi les grands Personnages,
D'vn desir de gloire épris,
Ont souhaité leurs Images
De la main des beaux Esprits.
Mesme le grand Alexandre
Dont le cœur osa pretendre
L'Empire de l'Vniuers ;
Souspira par fois d'enuie
De voir peints en de beaux Vers
Les Miracles de sa vie.

ODE.

Mais si les sons de ma LYRE
Sont heureusement goustez :
Le Sort n'aura point d'empire
Sur le nom que vous portez.
Par ce digne tesmoignage
Qu'estimera d'Age en Age
Toute la Posterité :
I'establiray la memoire
De la generosité
Qui vous donne tant de gloire.

TRISTAN.

A
MADAME
TALEMAN.

Ainsi que le miel sort des fleurs,
Et les Perles viennent des pleurs
Que l'Aurore espand dessus l'Onde:
De mesme, ô Chef-d'œuure parfait,
Vous estes l'excellent effet
D'vn des plus nobles Cœurs du monde.

SVR LE TREPAS DE

Monsieur le Marquis de Pralin, & l'affliction de Mademoiselle sa sœur.

France ! ton Pralin est mort ;
Et sa sœur qui se fond en larmes,
Consume ses aimables charmes
A plaindre son funeste Sort.
La voila qui tombe pâmée
Dessus cette dépoüille aimée,
Elle en perd l'haleine & la voix :
Si la Belle ne se conserue,
Tu vas estre Veufue à la fois,
Et d'vn Mars, & d'vne Minerue.

A
MADAME
LA.BARONNE
DV FRETOIR.

MON Liure s'en va vous trouuer
Et vos deux Compagnes fidelles,
Mes Oeuures seront immortelles
Si vous daignez les aprouuer.
Quand mesme on prendroit la licence
De choquer la Magnificence
Qui brille parmy leur douceur;
Mes vers craindroient-ils les menaces
De l'Enuieux, ny du Censeur,
Sous la protection des Graces?

POVR

MADEMOISELLE

DE SOVCARIERE

QVI SE MIROIT.

STANCES

ECVEIL de Roſes & de Lys
Chaſte & charmante Amarillis,
Où tant de graces ſont infuſes;
De quel ſi fauorable trait
Le plus ſçauant pinçeau des Muſes
Peut-il flater voſtre Portrait?

l'Aſtre

L'Astre qui m'inspire les Vers,
Faisant le tour de l'Vniuers
Void tous les Miracles du Monde;
Mais qu'est-ce que void sa clarté
Dessus la Terre, ou dessus l'Onde
Qui ne cede à vostre beauté?

Quels Diamans voit-il des Cieux
Qui brillent comme font vos yeux?
Et les richesses de sa couche
Seroient-elles d'vn prix égal,
A ce que vostre belle bouche
A de perles & de Coral?

Merueille qu'on peut adorer,
Objet qui faites soupirer
Les plus nobles cœurs de la Terre;
Ne seriez vous pas sans pareil
N'estoit l'artifice d'vn verre
Dont vos yeux prennent le conseil?

B

✿✿✿

C'est ce Cristal qui fait des loix
A l'agilité de vos doigts
Pour regler ce poil qui se ioüe;
Et qui vient baiser sans dessein
Le cinabre de vostre ioüe,
Et l'albastre de vostre sein.

✿✿✿

Que cét innocent Enchanteur
Est vn agreable imposteur !
Et que de charmes il estale
Lors qu'auec vos propres beautez
Il vous oppose vne Riuale
En l'amour que vous vous portez !

✿✿✿

Mais pour vous considerer mieux
Abaissez vn peu vos beaux yeux
Dessus vostre gorge éclatante.
Bel objet tout plein de rigueur,
La glace qui vous represente
Est moins glace que vostre cœur.

SVR LE TREPAS DE
Monfieur le Marquis de Coüalin.

SONNET.

VNE iufte douleur doit troubler noſtre ioye;
Le genereux Cleonte eſt dans le monument:
Et comme vn autre Achille, il eſt fatalement
Tombé deuant les murs d'vne ſeconde Troye.

Tout ce que la Nature heureuſement employe
Pour former vn illuſtre & fort temperament,
Où le courage éclate auec le iugement;
De ſes iours precieux auoit orné la ſoye.

Dans le ſein de la Gloire il a fermé les yeux,
Et cét Aſtre nouueau s'eſt placé dans les Cieux,
Où les grandes clartez ne ſont iamais eſteintes.

Mais ſa belle Ame encore habiteroit ſon corps,
Si les vœux generaux, & les communes plaintes,
Pouuoient par leur accord reſſuſciter les morts.

PLAINTE

DE

L'ILLVSTRE

PASTEVR.

STANCES.

HORREVR *sacrée & venerable,*
AZile seur & fauorable
A ceux que mal-traite le Sort.
Vieille & sombre Forest que respectent les Ages,
Vn Pasteur affligé vient dessous vos feüillages
Parler de son amour, ou plustost de sa mort.

Vostre Paix doit estre immortelle,
Viuant sous la sainte tutelle
D'vne chaste Diuinité.
Iamais vostre repos n'est troublé de personne:
Mais les élancemens que la douleur me donne,
Vous feront excuser mon importunité.

Ie ne sçay quel Astre inuincible,
A qui tout effet est possible,
M'a versé d'vn secret poison.
Ie ne sçay quel Demon dont la force est extréme
Me fait viure en autruy beaucoup plus qu'en moy
Et défend à mes sens d'écouter ma raison. (mesme,

C'est en faueur d'vne Charite
Qui possede plus de merite
Que la Fortune n'a de Bien.
O de combien d'apas cette Nymphe est pourueuë!
En nommant son beau nom mon ame est toute émeuë,
Et tout mon sang fremit lors que ie m'en souuien.

Celle qui du bel Alexandre
Fit reduire la ville en cendre
N'auoit point tant d'authorité.
Et la Mere d'Amour ne parut point si belle
Lors que pour triompher de la troupe immortelle,
Elle tint en sa main le prix de la Beauté.

Par tout où la Belle se montre,
On voit leuer à sa rencontre
De nouuelles moissons de fleurs.
Elle rend parfumé tout l'air qu'elle respire,
C'est la felicité de Flore & de Zephire ;
Mais c'est le seul sujet qui fait couler mes pleurs.

Ses regards dont la viue flame
Sçait penetrer iusques dans l'ame,
Sont la cause de ma langueur.
Et son aimable teint qui rauit toutes choses,
Eblouïssant mes yeux de l'éclat de ses roses,
M'en a mis bien auant les épines au cœur.

Encor si i'auois esperance
Que cette Ingratte eust connoissance
Que ma vie est entre ses mains.
Dieux ! ie tremble de peur qu'elle le desauoüe,
Auec ce chaste orgueil qui bien souuent se ioüe,
A rendre mal-heureux les plus grands des humains.

Amour, a cét esprit celeste,
'Passe pour le nom d'vne Peste
Dont chacun se doit retirer;
Et de ce petit Dieu, la fausse Renommée,
En cette Ame innocente est si fort imprimée
Qu'elle se troubleroit d'entendre soupirer.

Douce & plaisante solitude,
Vous connoissez l'inquietude
Que me donne vn mal si pressant.
Combien de fois le iour en vous contant ses charmes,
Ay-ie troublé vos eaux auec l'eau de mes larmes,
Et percé de mes cris vostre Bois innocent ?

Las ! toutes ces plaintes sont vaines,
La nuit dans les celestes plaines
Commence de faire son tour.
Elle conduit par tout le silence & les Ombres,
Et seme le repos dessous ses voiles sombres;
Mais elle est impuissante où preside l'Amour.

Durant la nuit la plus obscure,
Le vif éclat de sa peinture
Vient de nouueau m'inquieter.
Ie voy mon beau Soleil dans l'ombre la plus noire;
Car mille esprits de flame ocupans ma memoire,
Empruntent ses apas pour me venir tanter.

Ie voy sa taille rauissante,
I'aperçoy sa gorge éclatante
Surqui flotent ses beaux cheueux;
Ces precieux filets, & ces tresses fatales,
Qui pour les libertez, font de nouueaux Dedales,
Et qui serrent les cœurs d'indissolubles nœuds.

Ie la

Ie la voy cette Belle ingrate,
Qui me caresse & qui me flate
Au triste obiet de ma douleur.
Elle feint d'ignorer quelle est ma maladie;
Tesmoigne en estre en peine, & veut que ie luy die
Ce qu'elle a lû cent fois dans ma pâle couleur.

Pour luy conter ie me prepare,
L'Amour veut que ie luy declare,
Mais le respect ne le veut pas.
Ie prens ses belles mains, ie les couure de larmes,
Et lors qu'elle s'enfuit auecque tous ses charmes,
Ie baise en la suiuant les marques de ses pas.

Voila comment le Ciel me traite
Depuis cette attainte secrette
Contre qui rien ne me valut.
Et voila les effets de ce mal qui s'irrite,
Depuis que pour donner tous mes soins à Charite,
Ie neglige ma gloire & mon propre salut.

C

Ministres des choses funebres,
Demons, noirs Amis des tenebres,
Qui voyez la peine où ie suis;
Dite moy de mon sort l'Ordonnance future,
Ne dois-ie plus goûter apres cette auanture,
Ny la douceur des iours, ny le repos des nuits?

Auray-ie tousiours l'humeur noire
Dans le soin d'éleuer la gloire
De l'Ingrate qui me détruit?
Formeray-ie tousiours des plaintes inutiles,
Semeray-ie tousiours en des champs infertiles
Sans recueillir iamais ny de fleur ny de fruit?

O qu'il m'eust esté desirable
Pour n'estre pas si miserable
Qu'il fust tombé du feu des Cieux!
Qu'vn carreau tout en flame eust mis mon corps en
Et que i'eusse esprouué les éclats de la foudre (poudre,
Alors que ie soutins l'éclat de ses beaux yeux!

Toutefois dans cette souffrance,
Pourquoy perdrons nous l'esperance
De voir nos souhaits reüßir?
Presentons aux Autels nos vœux & nos offrandes;
Il n'est point dans les cœurs d'amertumes si grandes
Que les bontez du Ciel ne puißent adoucir.

Chers Troupeaux, que mon mal estonne,
Paißez ; Charite vous l'ordonne
Qui regit vostre Conducteur.
Suspendez pour vn temps cette morne tristeße;
Ou vous aurez l'honneur de l'auoir pour Maistreße,
Ou vous perdrez l'ennuy de m'auoir pour Pasteur.

C ij

POVR
MADEMOISELLE
DE
SOVCARIERE.

IE n'auois guere de raifon
De m'informer de la Maifon
De cette Beauté fans exemple.
Il eft facile de iuger
Que les Anges doiuent loger,
Ou dans le Ciel, ou dans le Temple.

POVR
VNE ABSENCE.
Chanson.

Hilis en la peine où ie suis,
Ay-ie vne place en ta memoire;
Et m'aimes-tu dans mes ennuis
Comme ie t'adore en ta gloire ?
Helas ! tu sçais de quelle foy
Ie t'ay promis de viure, & de mourir pour toy.

Par tout où Mars conduit mes pas,
T'a belle Image m'enuironne;
Et mesme au milieu des combats
Ie voy ta main qui me couronne,
Et vient recompencer la foy
Dont i'ay promis de viure, & de mourir pour toy.

Souuien toy comme en ces adieux
Où la douleur mit tant de charmes;
Mon cœur te parloit par mes yeux,
Et disoit se fondant en larmes.
Philis tu sçais, de quelle foy
Ie t'ay promis de viure, & de mourir pour toy.

A
MONSIEVR
DE
BOISROBERT
ABBE' DE CHA-
TILLON.

Her Metel que la Gloire a mis
Au rang des choses immortelles;
Et qui par des faueurs nouuelles
Obliges tousiours tes Amis.
Puisqu'à rendre de bons offices
Tu treuues les mesmes delices
De ceux qui gouuernent les Cieux;
Ie te veux faire vne priere
Afin de te donner matiere
De gouster du plaisir des Dieux.

L'AVIS FIDELLE,

à M. de xxxx.

Ardez de croire à son serment
Ce volage & perfide Amant,
Et n'exaucez point sa requeste.
Il ressemble au Nocher en ces vœux superflus;
Il promet tout au Ciel au fort de la tempeste.
Mais quand il est au Port, il ne s'en souuient plus.

CHANSON.

CHANSON.

Ous demandez à tous
Pourquoy ie suis si triste
Caliste,
Helas ! c'est pour l'amour de vous
Ma langueur
Ne sçait point autre chose
Qui la cause
Que l'excés de vostre rigueur.

A l'éclat de vos yeux,
Dont la couleur fatale
Egale
L'aZur qui paroist dans les Cieux
Des douleurs
Que ie ne puis dépeindre,
Me font plaindre,
Souspirer & verser des pleurs.

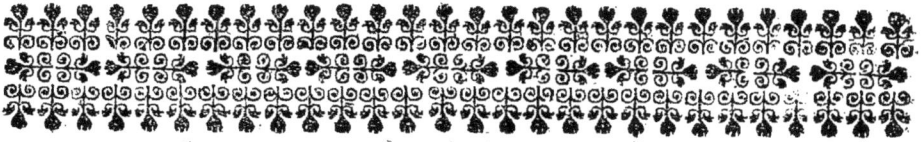

PLAINTE

POVR MONSIEVR

D. B.

Que le Monde est trompeur !
Que i'y voy peu d'asseurance ?
Il deçoit mon esperance,
Et ne trahit point ma peur.
Ie suis tousiours dans les plaintes ;
Pour les sensibles atteintes
De cent Monstres coniurez,
Mais elles sont moins cruelles
Des ennemis declarez,
Que des Amis infidelles.

POVR

LE TOMBEAV

DE FEV

MONSIEVR

DE ......

***

STANCES.

***

Eluy de qui ce marbre enuironne les os,
Fut digne également de bon-heur & d'estime:
Passant garde toy bien de troubler son repos
Il ne troubla iamais de repos legitime.

Il ſe portoit au bien d'vn Eſprit ingenu,
De crainte ou d'intereſt il ne fut point capable:
Et dans vne rencontre il auroit maintenu
L'Eſtranger innocent contre ſon fils coupable.

Cét eſprit genereux abhorroit la noirçeur
Il paroiſſoit ſi noble, ſe monſtroit ſi ſage
Que parmy ſes Riuaux n'euſt eſté ſa douceur,
On l'auroit apelé le Caton de ſon âge.

Les beaux deſſeins qu'il eut ne furent point trahis:
Et par ſon entremiſe auecque de grands Princes,
Il diſſipa la guerre en beaucoup de Païs,
Et redonna la paix à beaucoup de Prouinces.

Son Automne eſprouua la rigueur des Autans,
Il ſe veid aſſailly des coleres celeſtes:
Mais dans cette diſgrace il fut des plus conſtans,
Comme dans ſa faueur il fut des plus modeſtes.

Il acheua ſes iours dans la tranquilité
Que peut donner à l'Ame vne habitude ſainte;
Lors qu'il rendit l'eſprit, & perdit la clarté,
Ce fut en la façon d'vne lumiere eſteinte.

A

ROXANE,
POVR VNE RE-
CONCILIATION
AMOVREVSE.

ODE.

J'Alois mourir de cét ennuy
Que vous consolez auiourd'huy
Par des bontez qui sont si rares ;
Le desespoir victorieux
Rendoit tous mes sens furieux:
Les Cieux me paroissoient auares,
J'apellois les Destins barbares,
Et les Astres iniurieux.

La nuit, ie songeois des Enfers,
Des Bourreaux, des flames, des fers,
Et des morçeures de viperes :
Car lors que tout le monde dort,
Le someil pour tout reconfort
Voyant mes destins si seueres,
N'osoit plus flater mes miseres
Que des appareils de ma mort.

Tout ce qu'vn sang noir & brûlè,
Qui dans les veines est colé,
Peut former d'images affreuses,
Venoit en ce triste sejour
Me representer nuit & iour
Ces creduliteℨ dangereuses,
Et ces atteintes rigoureuses
Dont on a blessé mon amour.

Mais puisque vous me promettez
De combatre les cruautez
Du mal-heur qui me fait la guerre;
Ie suis remis de la moitié
Du mal qui vous a fait pitié;
Et sauué d'vn coup de tonnerre,
Ie me loüe à toute la Terre
De l'honneur de voſtre amitié.

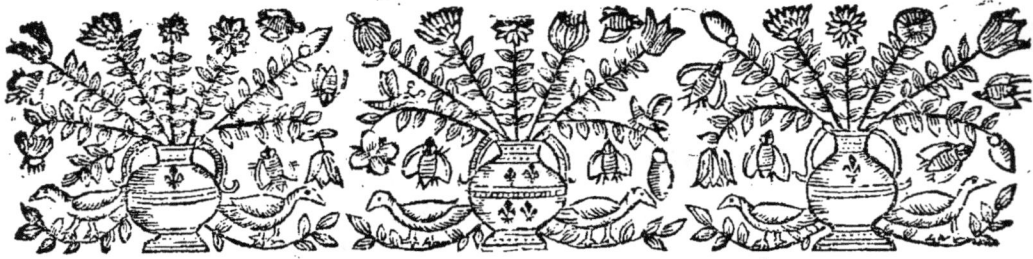

L'ORPHEE

A MONSIEVR

BERTHOD,

Ordinaire de la Musique du Roy.

BERTHOD personne illustre en cét âge
    barbare
Où l'Amy veritable est vn tresor si rare ;
    Amy discret, fidelle, & digne de mon choix,
De qui l'esprit éclate aussi bien que la voix,
Et dont la merueilleuse & diuine armonie
A d'vn feu tout celeste eschaufé mon Genie.
Cesse de reueiller auec tant de beaux Airs
Echo qui se retire au fonds de ces Deserts,

Et qui pleignant encor le trespas de Narcisse,
A besoing de repos plustost que d'exercice.
Laisse dormir en paix les Nimphes de ces eaux
Qui couronnant leur front de joncs, & de roseaux,
Sous le liquide argent de leurs robes superbes,
Dancent à tes chansons dessus l'esmail des herbes.
Ne donne plus d'amour à la Reyne des fleurs
Qui fait montre à tes yeux de ses viues couleurs,
Et qui prestant l'oreille à ta voix qui l'attire,
Charge de ses odeurs les aisles de Zephire.
Suspen cet art diuin qui peut tout enchanter,
Et tien la bouche close afin de m'escouter.

Comme le plus grand Roy qui soit en la Nature
S'est daigné diuertir à faire ta peinture,
Et tirer ton Portrait de cette mesme main
Dont il a fait trembler l'Ibere & le Germain:
Ie veux par vn labeur qui despite les Parques:
De nostre amitié sainte eterniser les marques:
Et grauer ton merite & ton nom dans ces vers
D'vn soin qui les conserue autant que l'Vniuers.
Ie veux chanter l'effet que la Fable ancienne
Raconte d'vne voix moins belle que la tienne:
Ie veux despeindre icy d'vne viue couleur,
Ce que tenta ce Chantre accablé de douleur
Qui rendit a ses Airs les marbres pitoyables,
Et fit dans les Enfers des progrés incroyables.

QVAND cet homme fameux dont la Lyre & la voix
Attiroient apres luy les Rochers & les Bois,
Suspendoient pour vn temps le cours de la Nature,
Arestoient les Ruisseaux, empeschoient leur murmure,
Domtoient les Animaux d'vn air imperieux,
Asseuroient les craintifs, calmoient les furieux,
Et par vne merueille incogneuë à la Terre
Faisoient naistre la paix où fut tousiours la guerre.
Quand, di-je, cet Amant eut accusé la mort,
Iniurié les Cieux, les Astres & le Sort,
Et dit sur l'accident du trespas de sa femme
Tantost auec loüange, & tantost auec blâme,
Tout ce que dans l'exces d'vn semblable malheur
Luy peurent inspirer l'amour & la douleur.
Il dressa le tombeau de sa chere Euridice
Dessus vn grand Rocher pendant en precipice ;
Pour y passer sa vie & s'y plaindre tousiours
Du cours infortuné de ses tristes amours.
Il ne prit auec luy que sa Lyre fidelle
Pour employer le temps à se plaindre auec elle :
Mais ce rare instrument qu'il sceut si bien toucher,
De nouueaux ornements embellit son Rocher ;
Car le son merueilleux de ses cordes diuines
Obligea les Forests d'enleuer leurs racines.

A ij

Pour venir honorer de leur ombrage frais
Ce mortel si sçauant à faire des regrets.
A ses premiers accords on veid soudain parestre
Le Noyer, le Cormier, le Tilleul, & le Hestre,
Le Chesne qui jadis couronnoit le Veinqueur
D'vne juste pitié s'y fendit insqu'au cœur.
Le Cedre imperieux y vint baisser la teste
Suiui du vert Laurier qui braue la tempeste.
Le Palmier s'y pressa pour luy faire la Cour
Cet exemple parfait de constance & d'amour,
Le Tremble y vint couuert de sa feüille timide,
Le Cypres y parut en verte Piramide :
Le Peuplier qui du Po rend les bords honorez,
Le Coudre deceleur des thresors enterrez,
L'Arbre qu'ayme venus, celuy qu'ayme Diane,
L'Erable, le Sapin, le Tamarin, le Plane,
Le Cycomore noir, le Saule palissant,
Le Bouleau cheuelu, l'Aubepin fleurissant,
L'Abricotier qui porte vne moisson sucrée,
La plante pacifique à Pallas consacrée;
L'arbre delicieux qui produit les Panis,
Le Grenadier chargé de ses tendres rubis :
Le Figuier, le Meurier, dont le fruit agreable
Fut coloré de sang par vn sort deplorable.
Enfin, depuis le Fresne ennemy des serpens
Iusques à l'humble Vigne aux bras tousiours rampans.

L'Orenger qui son fruit de sa fleur accompagne,
L'Eucens, le Violier, & le Iasmin d'Espagne,
Attirez par le son de ses charmans accords,
Furent de la partie & ne firent qu'vn Corps,
Tout alentour d'Orphée en ordre se rengerent,
Et de son infortune ensemble s'affligerent,
Se mettans en deuoir d'adoucir ses ennuis
En luy venant offrir ou des fleurs ou des fruits.

Mille petits Oyseaux serrans leurs plumes peintes,
Y deuienent muets pour entendre ses plaintes :
Là le Chardonneret, le Tarin, le Pinson
Escourent à l'enuy cette docte leçon ;
Le Serin là medite, & l'aymable Linotte
En forme en son idée vne petite notte.
Iamais le Rossignol ce Chantre ingenieux,
Cet Atome sonnant, ce point armonieux,
Qui mesle en ses motets vn si rare artifice,
Contre ce Champion n'ose entrer dans la lice.
La le Geay peu discret, se rend respectueux,
La Corneille y retient son cry tumultueux,
Et le Merle touché d'vne douleur secrette,
Semble y porter le dueil de celle qu'on regrette.
La Chouëtteen leur troupe ose leuer le front,
Et sans que sa laideur y reçoiue d'affront ;

Car sa difformité, qui leur colere attise,
Aupres de cette Lyre est en lieu de franchise.
IL semble que l'ayguille ait fait adroitement
Ces animaux sans voix comme sans mouuement;
Et parmy tous ceux-cy beaucoup d'Oyseaux de proye
Semblent aussi charmez, n'estre faits que de soye.
Le Lanier qui soustient, superbe & genereux,
Void leuer des Pigeons & ne fond point sur eux:
L'Espernier au Moyneau, n'ose faire la guerre,
L'Autour & la Perdrix, sont en paix sur la terre.
L'Oyseau de Iupiter ce Monarque des airs
Qui tient la region d'où partent les esclairs,
Paroist haut suspendu dans vn profond silence
Sans faire à ses sujets aucune violence:
Le Heron dessous luy, plane d'vn vol leger,
Et demeure sans crainte à l'ombre du danger.
Ainsi la Majesté d'vne voix docte & belle,
Suspend la tirannie & la peur naturelle;
Et sous l'authorité de ses charmes puissans
Milles Peuples diuers sont tous obeïssans.
Mais cette loy parlante en cette aymable sorte
Mestrise bien des cœurs de nature plus forte:
Si les hostes de l'air respectent cette voix,
Ceux dont la cruauté deshonore les Bois
Et qui sur les troupeaux font de sanglans rauages,
Ne sont point en ce lieu plus fiers ny plus sauuages.

La Biche & le Cheureul se treuuent sans danger
Pres du Ceruier cruel, & de l'Once leger;
Le Lyon despoüillant sa naturelle audace,
Soufre qu'aupres de luy le Taureau preine place;
L'indomptable Elephant dans cette attention
Pres du Rinocerot n'a point d'émotion.
La Brebis & le Loup suiuent cette armonie,
L'vn sans aucune peur, l'autre sans tirannie,
Puisque durant l'excés d'vn si charmant plaisir
Ny l'effroy, ny la faim, ne les peuuent saisir.
La Bellette au combat peu deuant attachée,
Laisse auecque l'Aspic sa victoire esbauchée;
Et son fier ennemy par l'oreille enchanté
Quite auec son venin son animosité.

Là se viennent coucher en diuerse posture
Cent Animaux diuers de forme & de nature:
La frauduleuse Hyene, & de qui la beauté
Sous vn port innocent cache sa cruauté.
Le Cheual glorieux, simbole de la guerre,
Le Linx aux yeux perçeants, dont l'eau se change
en pierre.
L'Escurieu sautelant qui n'a point de repos,
La Marmote assoupie, & le Singe dispos.
Le Castor y fait voir sa longue pane rousse,
Le Porc espic ses trais dont luy-mesme est la trousse.

Le Tigre y met au iour son beau gris argenté
Qu'auec art la Nature a si bien moucheté.
L'Ours y vient auoüer que des douceurs pareilles
Ne se rencontrent point au sejour des Abeilles.
Le Sanglier y paroist dont le crochet fatal
A terracé de Mars le glorieux Riual;
L'on y void arriuer le Byson solitaire,
La docile Girafle, & le laid Dromadaire.
La le Cameleon qui change si souuent,
Se nourrist des beaux Airs d'vn Chantre si sçauant.
Là, se vient presenter la Martre Zebeline,
Là, se laisse rauir la pure & blanche Hermine.
Le Chat que la Lybie enfante en ses ardeurs,
Y fait profusion de ses bonnes odeurs:
Le Grifon de son Or, & l'aymable Licorne
Y donne pour tribut sa precieuse corne.

Voila comme en ce lieu de sauuages sujets
Se laissent captiuer à d'aymables objets,
Et conseruent entre eux vn respect incroyable,
Ployans egalement sous vn chant pitoyable
Et voila comme Orphée alege vn peu ses maux
Durant qu'il les partage à tous ces Animaux.

VN jour vne Bachante errant à l'auanture,
Vn vagabond recueil de dons de la Nature;

Qui

Qui mesme, auec Iunon disputant de beauté,
Ne luy pouuoit ceder que pour la majesté;
Vn Chef d'œuure des Cieux, vn Miracle visible,
Vn objet adorable à tout sujet sensible;
Qui pouuoit tout rauir, à qui tout sembloit deu,
Donna dans ce filet parmy l'air estendu.
Cette jeune Beauté de Bacus eschaufée
Courut où rezonnoit la douce voix d'Orphée.

Sa taille haute & droite estoit pleine d'apas,
Et comme la fureur precipitoit ses pas
Sa jupe qui s'ouuroit au deſſous de la hanche
Faisoit voir à tous coups ſa cuiſſe ronde & blanche.
Ses brodequins dorés faits delicatement
Où l'on voyoit de neuds vn riche ajuſtement
En augmentoit la grace & donnoit cognoiſſance
Qu'elle ne venoit pas d'vne obscure naiſſance.
Entre ses belles mains vn Thyrſe elle tenoit
Qu'vn long & frais tiſſu de pempre enuironnoit;
Sa gorge estoit ouuerte, où d'vne force egale
Deux petits Monts de lait s'enfloient par in-
teruale.
Ses yeux estoient brillans, & ses jeunes regars
Lançoient innocemment des feux de toutes pars.
Sa bouche paroiſſoit comme vn bouton de roſe
Petite, releuée, & n'estoit point ſi cloſe

B

Dans cette emotion qu'on ne vid au dedans
Esclatter la blancheur des perles de ses dens.
Cette bouche qu'Amour tient entre ses miracles
Qui d'esprit de Iasmin parfume ses Oracles.
Son poil comme elle errant, s'épandoit sans dessein
Tantost sur son espaule & tantost sur son sein;
Et Zephir qui l'enfloit de son haleine mole,
Y souleuoit des flots tels que ceux du Pactole:
Mais dont l'aymable orgueil, esmeu de tous costez,
Eust fait faire naufrage à mille libertez;

Là voila qui soupire aussi tost qu'elle aproche
De cette resonnante & merueilleuse roche
Où se forment des sons assés melodieux
Pour adoucir le cœur du plus cruel des Dieux.
Elle admire l'Autheur de la douce armonie
Qui desia dans son Ame estend sa tirannie;
Et bien qu'il soit d'ennuis & de pleurs suffoqué,
Assis dessus vn banc dans le Roc pratiqué,
Et que rien que le tour d'vn vert Laurier ne ceigne
Sa longue cheuelure entre blonde & chasteigne,
Il passe en son esprit des le premier regar
Pour vn jeune Veinqueur triomphant sur vn
        char.
Dieux! quel charme secret se trouue en la Musique!
Cette Beauté que trouble vne chaleur bachique,

Sent à ce rare objet, chasser de son cerueau
Les espaisses vapeurs du boüillant vin noueau,
Et contemplant Orphée auec trop de tendresse
Chancelle en vn instant d'vne plus belle yuresse.
Elle escoute sa plainte auec tant de plaisir,
Que desia sa raison prend loy de son desir.
Son cœur abandonné de l'enfant de Semelle,
Reçoit vn autre enfant d'vne humeur plus cruelle ;
Mais fust il plus perfide, & plus cruel cent fois,
Elle est determinée à receuoir ses loix.
Desia l'Arrest s'imprime en son ame charmée,
Qu'il faut soudain qu'elle ayme & quelle soit aymée :
Son effrené desir soufre vn mors importun,
Elle auance deux pas, puis elle en recule vn ;
Sa flame à s'affranchir treue de la contrainte,
Elle en rougist de honte, elle en paslist de crainte,
S'efforce de parler iusqu'à deux ou trois fois ;
Et sentant retressir le canal de sa voix
Differe en cet estat de la mettre en vsage
Iusqu'à ce que l'amour augmante son courage.
A la fin s'approchant de ce beau Tracien
Qui fut pour son malheur si grand Musicien ;
Elle luy dit ces mots plains d'ardeur et de flame
,, Cesse de regretter le trespas d'vne femme
,, Digne & Parfait Amant de qui les qualitez
,, Donneroient de l'amour à des Diuinitez.

B ij

,, Vne belle auanture auiourd'huy t'eſt offerte
,, Pour eſſuyer tes pleurs & reparer ta perte;
,, Si tu daignes porter ton eſprit & tes yeux
,, Sur vn nouueau preſent qui t'eſt venu des Cieux.
,, Vn legitime bruit me donne autant de charmes
,, Qu'en eut ce bel obiet pour qui tu fonds en larmes:
,, Heureuſe en mon Deſtin, s'ils ſont aſſez puiſſans
,, Pour prendre à l'auenir l'Empire de tes ſens.
A ces mots, elle met la main deſſus ſa Lyre
Qui l'aſſiſtoit touſiours à plaindre ſon martyre.
Mais luy, qui dans ſon mal ne peut gouſter de bien,
La repouſſe du bras ſans luy reſpondre rien.
Et tenant à rigueur ce deuot ſacrifice
Se remet à chanter l'obſeque d'Euridice.
O dangereux effet d'vn inſolent meſpris
Qui remplit de Colere vn cœur d'amour épris,
Iamais fiere Tigreſſe aux foreſts d'Armenie,
Ne fit voir tant d'ardeur & tant de felonnie,
Alors qu'ayant ſuiui la piſte du Chaſſeur,
Elle attaint de ſes Fans le cruel rauiſſeur.
Iamais Aſpic ſuperbe aux beaux iours de l'année,
Ne fit voir tant de trais d'vne rage obſtinée
Alors que du Paſſant la vieille inimitié
A meurtry deuant luy ſa fidelle moitié.
Rien peut-il egaler la colere embraſée
D'vne Beauté ſuperbe, amante, & meſpriſée?

Le despit est si grand dont son cœur est attaint
Qu'il enflame à la fois & ses yeux & son teint,
Elle s'en mord la levre auecque violence
Grauant dans ce rubis son desir de vangeance.
Rien ne peut moderer ce furieux transport,
Desia de ce qu'elle aime, elle a conclu la mort;
Et desia sur le champ la main de cette belle
Excecute sur luy sa sentence cruelle.
Son Thyrse en la poitrine elle veut luy cacher;
Mais le coup destourné, porte sur le Rocher,
Le bois vole en eclats, & la Nimphe auec larmes
Ne se void point vangée & se treuue sans armes.
La terre en offre encore à son iuste couroux,
Pour contenter sa rage elle prend des cailloux;
Mais son bel ennemy n'en reçoit point d'offence
Car sa Lyre & sa voix armés pour sa deffence,
Suspendent chaque pierre, & par enchantement
La font deuant ses pieds tomber tout doucement.
Lors la Nimphe enragée, au desespoir reduite,
De peur des Animaux à la fin prend la fuite;
En blasphemant le Ciel & le cœur inhumain
Quelle n'a peu blesser des yeux ny de la main.

Luy par cette merueille eschapé de l'Orage,
De l'effet de sa voix sent grossir son courage;

Et s'asseure desia de veincre son malheur
S'il peut bien apliquer ce charme à sa douleur.
Deslors d'vn doux espoir son ame ensorcelée,
Pense voir des Enfers sa Moitié r'apelée :
Il leue chaque pierre auec rauissement,
Et flate ses desirs de ce raisonnement.
,, Puis que les doux recits de ma fidelle flame
,, Ont bien eu ce pouuoir dessus des corps sans ame;
,, Sçachons si la vertu de nos charmans acords
,, Aura quelque pouuoir sur des esprits sans corps:
,, Alons voir des Enfers la demeure effroyable
,, Et tâchons d'adoucir leur Prince impitoyable.

La nuit, au cours de l'Ebre il se purifia ;
Inuoca Proserpine, & luy sacrifia
Vne noire brebis , vieille , sterile , etique ,
De lait doux arosée & puis de miel Atique
Lors qu'il eut de son sang, apres le coup mortel,
Remply toute vne fosse à costé de l'Autel :
Tandis que d'vne voix humble , basse , & plaintiue,
Il coniuroit la Lune à cét Acte attentiue.

Aussi tost qu'il fut iour, pour aler chez les morts,
D'vn long manteau volant il se couurit le corps.
La couleur en estoit de la feüille qui vole
Lors que le vent du Nord tous les Arbres desole;

Le deſſous eſtoit vert montrant qu'en ſon malheur
Quelqu'eſpoir ſe ioignoit encore à ſa douleur.
Par les bouts d'vne eſcharpe, auec art eſtenduë,
A deux agrafes d'or ſa Lyre eſtoit penduë,
Ce Cedre reſonnant, ce bois melodieux,
Dont il ſçauoit charmer les hommes & les Dieux.

A coſté du Tenare vne large ouuerture
Vomit inceſſamment vne fumée obſcure ;
Et cette Grotte aſſiſe en ces affreux deſerts
Eſt vn fameux chemin pour deſcendre aux Enfers.
Ce fut par cet endroit que cet Amant fidelle
Oſa bien s'introduire en la nuit eternelle,
Et meſme ſans frayeur, deualer en des lieux
Où n'arriua iamais la lumiere des Cieux.

Chaſtes & doctes Sœurs, Muſes qui le ſuiuiſtes
Et qui dans ce deſſein dignement le ſeruiſtes ;
Dites moy la façon dont il paruint la bas,
Combien il rencontra d'obſtacles ſur ſes pas ?
Combien de cris ſiflans & de clameurs funebres
Perçoient l'eſpaiſſe horreur de ces moites tenebres ?
Combien de noirs Serpens & d'Hydres furieux
De Dragons & de Sphinx erroient deuant ſes yeux,
De Chimeres en feu, de Scylles aboyantes
De Fantoſmes glacez, & de Larues ſanglantes?

Les bleds d'vn vaste champ par les vents agitez,
Paroiſſent moins nombreux & ſont plus arreſtez.
Mais ſans s'eſpouuenter de ces freſles images,
Noſtre Amant arriua ſur les ſombres riuages ;
Et contre tant de crys & tant de vains abois,
N'opoſa que ſa Lyre & le ſon de ſa voix.

Carron qui le receut en ſa Barque funeſte,
Creut d'abord que c'eſtoit le Meſſager celeſte ;
Le beau Cylenien, de la Lyre inuenteur,
Et qui de la Muſique eſt ſi grand amateur.
Ce Vieillard tout enſemble affreux, & venerable,
Fit à ce rare Chantre vn acueil fauorable,
Et trauerſant le fleuue auec contentement,
Pour mieux gouſter ſa voix, rama fort lentement.
Cerbere pour oüir de ſi douces merueilles,
Fermant ſes trois goſiers, ouurit ſes ſix oreilles,
Et ſentit arriuer vn ſommeil gracieux
Qui ne s'eſtoit iamais poſé deſſus ſes yeux.

Vn vaste Amphiteaſtre au centre de la Terre,
Fremiſt inceſſamment des horreurs qu'il enſerre ;
Là ſur mille Rochers, hurlent les criminels
Que Minos abandonne aux tourmens eternels.
Là dans mille bacins pouſßans des jets de flames,
En vn confus deſordre on void plonger les ames.

Les

Les esprits malheureux, l'vn sur l'autre entassez,
Qu'on precipite apres dans des Estangs glacez.
Là tout ce que les sens ont eu le plus en hayne
Leur donne sans relasche vne cruelle geine ;
La Nature y frissonne à l'objet du tourment
Qui n'est pas suportable & dure incessamment.
Et tousiours en secret leur triste souuenance,
Leur desir sans effet, comme sans esperance,
Leur remors jnutile en ces derniers malheurs,
Et leur rage jmmortelle augmentent leurs douleurs.

En cette large enceinte ou regne l'infortnne
S'esleue de Pluton la superbe Tribune
Où souuent il preside en ce triste manoir
Sur vn Throsne d'acier tout emaillé de noir.
Si tost qu'il eust appris qu'auec jmpatience
Vn illustre mortel demandoit audiance ;
Il s'y vint presenter d'Ombres acompagné,
Le poil tout en desordre & le front renfrongné,
Ce front dont la fierté pleine de vehemence
Montre assez de son cœur la barbare inclemence.

Mais cependant qu'il fait des signes de la main
Pour jmposer silence au peuple fresle & vain ;
Nostre Chantre sacré qu'vn feu celeste inspire,
Retaste doucement les cordes de sa Lyre,

C

S'enquiert auec ſes doits ſi tout eſt bien d'acord
Pour gagner vne Palme où triomphe la Mort.

Il voulut commencer par vn certain prelude
Plain de beaucoup de grace & de beaucoup d'eſtude,
D'excellens contrepoints, ſimples & figurés,
Des meſlanges de ſons viſtes & moderez,
Où ſa main s'egayant par de diuerſes claſſes,
Forme auecque ſa voix des fugues & des chaſſes.

Sa voix tantoſt eſt forte, & tantoſt ne l'eſt pas,
Elle monte bien haut, puis redeſcend bien bas;
Tantoſt elle gemiſt, tantoſt elle ſoûpire,
Ou prend quelque repos; pour prendre plus d'empire;
Produit auec merueille en ces beaux mouuemens,
Du graue & de l'aygu de doux temperamens;
Et jointe aux nerfs parlans dont elle eſt ſecondée
Cherche des beaux acords la plus parfaite Idée.

Cette aymable armonie imite le ſerpent,
Ondoye à longs replys, ſe retire, & s'eſtend,
Et dans ces roulements, d'vn artifice extreſme,
Se quitte, ſe reprend, ſort & r'entre en ſoy-meſme;
Tandis que par l'oreille elle eſpand vn poiſon
Qui ſe gliſſe dans l'ame & trouble la raiſon.
Tantoſt elle languiſt, & tantoſt elle eſclate,
Repouſſe, tance, & fuit; r'apelle, appaiſe & flate:

Esmeut comme il luy plaist la crainte, ou le desir,
Assoupit la douleur, reueille le plaisir,
Et soit quelle se hausse, ou quelle s'adoucisse,
Quelle croisse en vigueur, ou quelle s'alentisse,
Tousiours des malheureux elle alege les fers,
Et loge vn Paradis au milieu des Enfers.

Si tost qu'il s'apperçeut qu'on luy prestoit silence,
Et que de ses acords on goustoit l'excellence;
Voicy comme il mesla d'vne docte façon
Sa priere à sa plainte, en sa triste chanson.
Voicy de quelle sorte il forma sa harangue
Où son cœur affligé se fondit sur sa langue;
Et faisant éclater ses mortelles langueurs,
Répandit la pitié dans tous les autres cœurs.

Monarque redouté qui regnes sur les Ombres,
Ie ne suis pas venu dessus ces riues sombres,
Pour enleuer ton Septre & me faire Empereur
De ces lieux plains d'horreur.

En mon pieux dessein ie n'ay point d'autres armes,
Que les gemissemens, les souspirs & les larmes,
Auec tous les ennuys dont peut estre chargé
Vn Amant affligé.

Auſſi ie ne deſcen dans ce grand precipice
Que pour te demander ma fidelle. Euridice
Que la Parque rauit ames chaſtes amours.
En la fleur de ſes jours,

O Dieux ! ie la perdis en la meſme journée
Qui nous auoit rengez ſous le joug d'Hymenee ;
Au lieu d'entrer au lit, ce Chef-d'œuure ſi beau
Entra dans le Tombeau !

Cette jeune Beauté par les vertes campagnes,
S'égayoit en courant auecque ſes Compagnes,
Lors qu'elle rencontre l'Autheur de ſon treſpas
Caché deſſous ſes pas.

Vn ſerpent plus cruel que ceux de tes Furies,
Qui meſloit ſon email à celuy des prairies ;
D'vn trait enuenimé la mit dans le cercueil,
Et moy dans ce grand dueil.

Helas ! ie la treuuay telle qu'est vne souche ;
En vain i'alay poser mes leures sur sa bouche,
Car desia les esprits, de ses membres gelez,
S'en estoient enuolez.

Que deuins-je à l'objet de sa pasleur mortelle ?
Ie fûs si fort surpris & ma douleur fut telle
Qu'il faut estre sçauant en l'art de bien aimer
Pour le bien exprimer.

Depuis cette cruelle et fatale auanture,
I'ay tousiours de mes pleurs moüillé sa sepulture,
Sans pouuoir faire treue auecque mes ennuis
Ny les iours ny les nuicts,

Amour jmportuné de mes plaintes funebres
Me sclairant de sa flame à trauers des tenebres,
Par son secret auis ma fait venir icy
Te conter mon soucy,

Tu cognois le pouuoir de sa secrette flame;
Si le bruit n'est menteur, elle embrasa ton ame
Lors que dans la Sicile, vn Miracle des Cieux
       Parut deuant tes yeux.

On dit qu'en obseruant sa grace nompareille,
Tu fremis dans ton char, d'amour & de merueille:
Et que tu n'as rauy cette jeune Beauté
       Qu'apres l'auoir esté.

S'il te souuient encor de ces douces atteintes,
Pren pitié de mes maux, pren pitié de mes plaintes
Et fay bien tost cesser auecque mes douleurs,
       Mes soûpirs & mes pleurs.

Ie t'en viens coniurer par ton Palais qui fume
Par le nytre embrasé, le souffre, & le bitume,
De ces fleuues bruslans & de ces noirs Palus
       Qu'on ne repasse plus

Par les trois noires Sœurs, ces Compagnes cruelles
Qui portent l'espouuente & l'horreur auec elles ;
Et qui tienent tousiours leurs cheueux herissez
    D'Aspics entrelacez.

Par l'auguste longueur de ton poil qui grisonne,
Par l'esclat incertain de ta rouge Couronne,
Et par la Maiesté du vieux Sceptre de fer
    Dont tu regis l'Enfer.

Ren moy mon Euridice, & fay qu'à ma priere
Elle revoye encore vne fois la lumiere ;
Faisant ressusciter par ses embrassemens,
    Tous mes contentemens.

Ie ne demande pas qu'en renoüant sa trame,
Pour des siecles entiers on rejoigne son ame
A cét aymable corps cruellement blessé,
    Qu'elle a si tost laissé.

Seulement, quelle viue autant qu'vne personne
Dont la complexion se rencontre assez bonne,
Et qui par trop d'excez ne precipite pas
L'heure de son trespas.

Sans cesse les humains en tes Estats decendent;
Par cent chemins diuers à toute heure ils s'y rendent,
Et nul homme viuant quoy qu'il puisse inuenter,
Ne s'en peut exempter.

Quand nous aurons ensemble acomply les années
Que nous aura marqué la loy des Destinées;
Nous viendrons pour iamais en cet obscur sejour
Demeurer à ta Cour.

Laisse moy donc la haut ramener cette belle;
Ou permets qu'icy bas ie demeure auec elle,
I'auray peu de regret au bien de la clarté
Pres de cette Beauté.

Les

Les graces d'Euridice à mes yeux expofées,
Me tiendront touſiours lieu des doux champs Eliſées:
Et pour moy, ſon abſcence a des feux & des fers
    Pires que les Enfers.

Au ſon de cette voix, des eſprits reſpectée,
Ixyon pour vn temps vid ſa roüe arreſtée.
Syſiphe en oublia de tenir ſon rocher,
Tantale cette ſoif qu'il ne peut eſtancher;
Et les cruelles Sœurs, les fieres Danaïdes,
N s'apperceurent pas que leurs ſeaux eſtoient vuides:
Tytie en ces douceurs abyſmant ſon ennuy,
Sentit moins ſa douleur que la peine d'autruy:
Et l'immortel Vautour qui luy ronge le foye,
Suſpendit ſes rigueurs, touché de meſme ioye.
La Parque en ſes Cyſeaux, Miniſtres du treſpas,
Tint vn fil deuidé, qu'elle ne trencha pas;
Tandis que cette voix, dont elle eſtoit rauie,
Auec tant de douceur demandoit vne vie.

Rien ne ſceut reſiſter à la compaſſion,
Tout ſe treuua touché de cette émotion,
Et les Eſprits ſans corps amolis par ces charmes,
Eux qui n'ont point de ſang, en verſerent des larmes.

                                    D

Mais leur impitoyable & cruel Souuerain
Qui comme son Palais , a le cœur tout d'ayrain;
Luy qui se rit des maux qu'on luy peut faire entendre,
Ne sçeut parer les trais d'vne pitié si tendre;
Et de ses tiedes pleurs moüilla le poil chenu
Que l'on void herisser sur son estomach nu.
Il pleura l'implacable , & d'vn signe de teste
Accorda sur le champ cette iuste requeste.
Euridice parut par son commandement,
Et vint jetter ses bras au col de son Amant;
Qui transporté d'amour dans cette joye extresme,
Ne se peut retenir de l'embrasser de mesme.

Heureux en ses destins, s'il se fust maintenu
Dans vn ressentiment vn peu plus retenu;
Il auroit preserué le sujet de sa flame ,
Du second coup donné sur sa seconde trame.
Mais son desir actif, ennemy de son bien,
Fit qu'en obtenant tout , il ne posseda rien.
Il ne peut accomplir la seuere ordonnance ,
De marcher deuant elle à trauers du silence;
Sans que sur son visage il détournât ses yeux
Iusqu'à ce qu'il eust veu la lumiere des Cieux.
De son impatience il ne sçeut estre maistre,
Et la voyant trop tost , il la fit disparestre;

Elle fut ramenée en ce funeste lieu,
,, Et n'eust rien que le temps de luy crier, Adieu.
,, Adieu charmant Orphée, adieu ma chere vie,
,, C'est enfin pour jamais que ie te suis rauie.
,, Par ce transport d'amour, tout espoir m'est osté
,, De reuoir du Soleil l'agreable clarté.
,, Ta curiosité trop peu considerée,
,, Me remet dans les fers dont tu m'auois tirée.
,, Pourquoy du vieux Minos n'as tu gardé les loix,
,, Et temperé tes yeux aussi bien que ta voix?
,, O faute sans remede! ô dommageable veuë!
,, Auec trop de trauaux tu m'auois obtenuë:
,, Mais ie pren tes regards & ma fuite à tesmoin,
,, Que tu mas conseruée auec trop peu de soin.
,, Que di-je toutefois? mon iugement s'égare;
,, Puisque c'est seulement ton soin qui nous separe:
,, Tu craignois de me perdre en cette sombre horreur,
,, Et cette seule crainte a produit ton erreur:
,, De ton affection ma disgrace est éclose,
,, Et si i'en hay l'effet, i'en dois aymer la cause.
,, Encore que tes yeux me donnent le trespas,
,, Cette attainte me tuë & ne me blesse pas:
,, Ta foy, charmant Espoux, n'en peut estre blâmée;
,, Tu n'aurois point failly si i'estois moins aymée:
,, Ie me dois consoler de ne voir plus le iour,
,, Puisque c'est par un trouble où i'ay veu ton amour.

,, *Console toy de mesme & ne pas point ma cendre*
,, *Dans les torrens de pleurs que tu pourrois espandre:*
,, *Ne va point abreger le beau fil de tes iours,*
,, *Les Destins assez tost en borneront le cours.*
,, *Le Ciel est equitable, il nous fera iustice;*
,, *Tu te verras encore auec ton Euridice:*
,, *Si l'Enfer ne me rend, la Parque te prendra,*
,, *L'Amour nous des-vnist, la Mort nous rejoindra;*
,, *Il faudra que le Sort à la fin nous r'assemble*
,, *Et nous aurons le bien d'estre à iamais ensemble.*
Ces doux & tristes mots à peine elle acheua
Que comme vn tourbillon quelqu'esprit l'enleua,

Le timide Berger qu'vn esclat de tonnerre,
Du vent de sa passée a jetté contre terre;
Et qui void de ce coup vn Chesne terracé,
Au prix de cét Amant n'a point le sang glacé.

Celuy de qui la voix sçeut animer les marbres,
Retenir les Torrens, faire marcher les Arbres,
Et mesme retirer les morts du monument,
Se treuue à cette voix, priué de sentiment.
La merueille est si grande où ce malheur le plonge
Qu'il en mescroit ses sens, & le tient pour vn songe,
Pour vn Fantosme vain de ses vœux ennemy,
Et tasche à s'éueiller comme vn homme endormy.

Puis comme il recognoist sa disgrace plus vraye,
Son cœur se sent percé d'vne mortelle playe ;
Il tombe de son haut, de foiblesse & d'ennuy,
S'accuse de sa perte, & s'en vange sur luy.
Mettant cruellement ses ongles en vsage,
Il en punist son poil, ses yeux, & son visage ;
Abandonne son ame à ses viues douleurs,
Esclate en crys perçants, & se desbonde en pleurs.

En vain pour adoucir cette dure sentence,
Il veut de son erreur faire la penitence :
Il a beau s'affliger, conjurer, & prier,
Il ne gaigne qu'vn reume à force de crier ;
Et n'ayant plus de voix pour forcer le passage,
Il perd en mesme temps l'espoir & le courage.

A

MONSIEVR

BERTHOD

allant voir

MADAME LA DVCHESSE

DE SAVOYE,

par commandement du Roy en 1639. lors que les
habitans de Thurin se furent reuoltez contre son Altesse Royale.

STANCES.

VA, Chantre aussi fameux que celuy de la Thrace,
Dessus des Monts de neige adoucir la disgrace
De la Sœur du plus digne & du plus grand des Rois.
O faueur sans pareille ! ô gloire sans seconde !
Que tu sois commandé pour employer ta voix
A diuertir les pleurs des plus beaux yeux du monde.

Sans doute, tes beaux Airs, vont de cette Merueille
Enchanter les ennuis aussi bien que l'oreille,
Elle en perdra soudain tout facheux souuenir.
Mais il faut que ta voix luy conte les Miracles
Qui rendront memorable aux Siecles auenir
Le bras qui doit briser tant de puissans obstacles.

Au cœur du grand LOVIS sa douleur est sensible;
De ce Roy glorieux, de ce Prince inuincible,
Qui de tous les mortels peut faire les Destins:
Et son iuste Courroux luy fait prendre les armes
Pour aller exiger de ses Sujets mutins
Mille Ruisseaux de sang, pour vne de ses larmes.

Pour la vanger bien tost de ce peuple perfide,
Il n'a qu'à l'ordonner à ce second Alcide
Que les plus grãds Guerriers sont contraints d'admirer:
A ce COMTE immortel que le Lyon d'Espagne
Ne peut voir sans fremir, & sans se retirer,
Ny vogant sur les flots, ny marchant en campagne.

HARCOVRT est destiné pour punir l'insolence
De ces nouveaux Titans, de qui la violence
A voulu déthrosner ce Chef-d'œuvre des Cieux.
Il s'en va leur apprendre à leur ignominie,
 Qu'apres des attentats qui regardent les Dieux,
Iamais l'impieté ne demeure impunie.

Esclairé d'Apollon, ie voy déja sa foudre
Reduisant de Thurin tous les rempars en poudre,
Abbaisser à ses pieds l'Orgueil qui le deffend.
Et treuuant son Esprit & ses Prouinces calmes,
La PRINCESSE y reuiët sur vn Char triomphant
Par vn chemin semé de Lauriers & de Palmes.

LES BAISERS

DE DORINDE.

SYLVIO. parle.

LA douce haleine des Zephirs
Et ces eaux qui se precipitent;
Par leur murmure nous inuitent
A prendre d'innocens plaisirs.
Dorinde, on diroit que les flâmes
Dont nous sentons brusler nos ames
Bruslent les herbes & les fleurs;
Goustons mille douceurs à la faueur de l'ombre,
Donnons nous des baisers sans nombre,
Et ioignons à la fois nos leures & nos cœurs.

E

Quand deux Objets également
Soûpirent d'vne mesme enuie;
Comme l'amour en est la vie,
Les baisers en sont l'élement.
Il faut donc en faire des chesnes
Qui durent autant que les peines:
Que ie souffre loin de tes yeux,
Amour, qui les baisers ayme sur toutes choses,
Fait vne Couronne de roses
Pour donner à celuy qui baisera le mieux.

O que tes baisers sont charmans!
Dorinde, tous ceux que tu donnes
Pourroient meriter des Couronnes
De Perles & de Diamans:
Cette douceur où ie me noye
Force par vn excez de joye
Tous mes esprits à s'enuoler:
Mon cœur est palpitant d'vne amoureuse fievre,
Et mon ame vient sur ma levre
Alors que tes baiser l'y veulent apeler.

Si l'Amour alloit au tombeau
Par vn noir effet de l'Enuie,
Tes baifers luy rendroient la vie
Et rallumeroient fon flambeau :
Leur aimable delicateffe
A banny toute la trifteffe
Qui rendoit mon fens confondu :
Mais vn Roy déthrofné par le malheur des armes,
A la faueur des mefmes charmes
Se pourroit confoler d'vn Empire perdu.

La Manne fraifche d'vn matin
N'a point vne douceur pareille ;
Ny l'efprit que cherche l'Abeille
Sur la Buglofe & fur le Thin.
Le meilleur fucre qui s'amaffe
Et que l'Art fçait reduire en glace,
N'a point ces apas rauiffans ;
Et mefme le Nectar fembleroit infipide
Au prix de fe baifer humide
Dont tu viens de troubler l'office de mes fens.

E ij

Aussi les plus riches tresors
Qu'on tire du sein de la terre;
Et que pour engendrer la guerre
L'Ocean seme sur ses bors.
L'or & toutes les pierreries
Dont nous prouoquent les Furies
Pour enuenimer nos esprits.
Bref tout ce que l'Aurore à de beau dans sa couche
Au prix des baisers de ta bouche
Sont à mes sentimens des objets de mespris.

SA REQVESTE

INGENIEVSE.

S'Il est vray qu'on meure de joye
Beaucoup plustost que de douleur;
Belle cause de ~~mon douleur~~ malheur
Fay moy perir par cette voye.

Puisque ma mort est ton desir
Et que mon cruel déplaisir
N'a peu contenter ton enuie;
Philis ayme moy, seulement
Pour m'enuoyer au monument,
Car ie perdray soudain la vie
Par l'excès du contentement.

LE DEPART.

CHANSON.

O Triste partement, que tes viues attaintes
Me vont donner de desplaisirs,
Voicy toutes mes craintes,
La source de mes plaintes
De mes pleurs & de mes soûpirs !

Charite, ie m'en vais, & tous mes sacrifices
N'ont peu changer l'arrest du Sort ;
Ie quitte mes delices,
Ie perds tous mes seruices ;
O bons Dieux, que ne suis-ie mort !

La Guerre me rauist, & l'Amour me transporte,
Qui me veut retenir icy.
Ma douleur est trop forte ;
Mon esperance est morte,
Heureux si ie l'estois aussi.

REGRETS
SVPERFLVS.

L'Excez du rigoureux suplice
Que mon cœur soufre nuit & iour,
Semble conuaincre d'injustice
Le Ciel, la Nature, & l'Amour.

Qu'elle malheureuse influance
Tirannisant ma volonté,
Soûmet à la mescognoissance
Mon esprit, & ma liberté?

Ie sers toujours d'vn soin fidelle
Ce qui me traite ingratement;
Et voüe vne amour immortelle,
A qui me hait mortellement.

LA PLAINTE
INVTILE.
STANCES.

EN fin pour mon affliction,
L'objet de voftre affection
Vous cause vne horreur apparente :
Mais dans ce foudain changement
Voftre repentir, Amaranthe,
Condemne voftre jugement.

Vous pouueiz ayfément juger
Auant que de vous engager
A faire eftat de mes feruices,
Que lors que vous me foufririez,
Vous mefleriez trop d'iniuftices
Aux faueurs que vous me feriez.

Deuiez

Deuiez-vous par ce mauuais choix
Egaler vne simple voix
A tant d'agreables merueilles ;
Et d'vn soin peu judicieux
Ne consulter que vos oreilles
Où vous deuiez croire vos yeux ?

De moy ie suis au desespoir
Depuis que vous me faites voir
Que mon amour vous importune ;
Et mes secrets ressentiments
Contre le Ciel & la Fortune
Murmurent à tous les moments.

Si les Cieux m'eussent exaucé
Lors que ie fus embarassé
Dans cette chere confidence ;
Ie possederois tant d'apas
Pour vous porter à la constance,
Que vous ne me quitteriez pas.

F

Mais par ce vain ressentiment
Ie m'opose inutilement
A des passions obstinées :
Et c'est en vain se tourmenter
Contre vn arrest des Destinées
A qui ie ne puis resister.

Que l'Amour d'autant de plaisirs
Acompagne tous vos desirs
Que vous m'auez donné de peine ;
Pourueu qu'il face par pitié
Que iamais vne injuste hayne
Ne suiue vne injuste amitié.

POLIPHEME
EN FVRIE.

SONNET.

IE vous voy Couple infame, enyuré de plaisir,
Quand vos secrets complots m'ont enyuré de rage:
Est-ce ainsi qu'on trahist mon amoureux desir,
Et que l'on ose encore irriter mon courage?

Ie vous voy, mesnagez, vostre peu de loisir,
Vous ne me ferez plus que ce dernier outrage:
Ce morceau de rocher que ie vay vous choisir
Vous presse de bien tost acheuer vostre ouurage.

Maintenant ie vous tiens, rien ne peut destourner
Le iuste chastiment que ie vais vous donner,
Il faut que de ce coup ie vous reduise en poudre.

Ainsi, dit le Cyclope à deux Amans transis;
Sa voix fut vn tonnerre, & la pierre vne foudre,
Qui meurtrit Galatée, & fit mourir Acys.

F ij

POVR

MADAMOISELLE

DE SAINTOT L'AINEE,

qui chantoit sous des voûtes,

MADRIGAL.

NE chantez plus dans ces concauitez,
    Où la triste Echo se retire;
Cét Air nouueau dont vous nous enchantez,
    Acroist son ancien martire.

    O rigoureuses loix!
    O merueilleux supplice!
    Faut-il qu'elle meure deux fois,
L'vne d'amour à l'objet de Narcisse,
L'autre d'enuie au son de vostre voix?

L'AMBITION
TANCEE.
SONNET.

AVx rayons du Soleil, le Pan audacieux,
Cét Avril animé, ce firmament volage,
Eſtalle auec orgüeil en ſon riche plumage
Et les fleurs du Printemps, & les Aſtres des Cieux.

Mais comme il fait le vain ſous cét arc gracieux
Qui nous forme d'Iris vne nouuelle Image,
Il rabat tout à coup ſa plume & ſon courage
Si toſt que ſur ſes pieds il a porté les yeux.

Homme, à qui tes deſirs font ſans ceſſe la guerre,
Et qui veux poſſeder tout le rond de la Terre :
Voy le peu qu'il en faut pour faire vn Monument.

Tu n'es rien que l'Idole agreable & fragile
Qu'vn Roy de Babylone auoit veuë en dormant,
Ta teſte eſt toute d'or; mais tes pieds ſont d'argile.

F iij

LES DIVINS SVFFRAGES

A MONSIEVR
GVILLEMIN
MAISTRE D'HOSTEL
du Roy.

FAut-il-donc que tu t'engages
Amy trop officieux,
A m'aquerir les suffrages
De ce Chef d'œuure des Cieux?
Esperes tu qu'à mes veilles
Ce beau recueil de merueilles
Puisse auoir vn peu d'égard;
Et que cét Astre adorable
Daigne lancer vn regard
Sur les jours d'vn miserable?

J'aurois trop de vanité
Si i'attendois que la bouche
De cette Diuinité
Parlast de ce qui me touche.
L'Oracle de cette voix
Qui des plus superbes Rois
Pourroit reigler la fortune ;
Donneroit-il ses arrests
Sur la requeste importune
De mes petits interrests ?

Il faudroit que ta priere
Fist vn incroyable effort ;
Si cette grande lumiere
Vouloit esclairer mon Sort.
Des Sujets si plains d'espines
A des Beautez si diuines
Plaisent difficilement :
Et son heureuse memoire
Se doit charger seulement
Des jmages de sa gloire.

Tu peux l'entretenir
De cette grace jmmortelle
Qu'à peinte en son souuenir
L'eau d'vne glace fidelle.
De son beau tein sans egal,
De sa bousche de Coral
Qui des Perles enuironne ;
Et luy dire de quels vœux,
On soûhaite vne couronne
A l'or de ses beaux cheueux.

Di luy que tout est en flâme
A l'esclat de ses Beautez ;
Que ses yeux & sa belle ame
Brillent de mille clartés.
Conte à cette jeune Aurore
Que tout l'vniuers adore
Le merite sans pareil,
Les vertus & la puissance,
De l'adorable Soleil
Dont elle tient sa naissance.

Di

Di luy comme fous fes loix
Sa Mere à veu des Monarques
Dont les celebres exploits
Auoient eftonné les Parques.
Orante ce beau fujet
Qui fert d'exemple & d'objet
Aux Princeffes les mieux nées:
Orante dont la Beauté
Qui ne craint point les années,
Tient de l'immortalité.

D'vne adreffe jngenieufe,
Reprefente la valeur
De la Tige glorieufe
D'où fort cette jeune Fleur.
Predi luy que fes deux freres
Auront des fuccez profperes
En mille fameux emplois:
Et que le Ciel les deftine
Pour faire arborer la Croix
Aux champs de la Paleftine

G

Mais par de fascheux propos
Guillemin , s'il est possible,
Ne troubles point le repos
De ce Miracle visible.
Ne te vas point engager
Au dessein de m'obliger,
Mon ame en reste confuse:
Tes soins seront sans effet,
Et i'ay peur que l'on t'acuse
D'estre un Amy trop parfait.

LE MAL SECRET.
SONNET.

Vous qui lancez les trais dont mon cœur est atteint,
    Qui mettés tout en flâme & n'estes rien que glace;
Vous qui portez des fleurs le surnom & le teint,
Et qui tenez des Dieux & l'esprit & la grace.

Si i'osay soûpirer pour vn objet si saint,
    O belle Florimene, excusez mon audace:
Plaignez vn malheureux, qui iamais ne se pleint
Dans le Tissu des maux où le Ciel l'embarrace.

Si vous sçauiez l'estat où vous m'auez reduit,
    Et comme en vous seruant ie soufre iour & nuit,
Vous en auriez pitié fussiez vous plus barbare:

Mais ie n'espere pas d'estre heureux à ce point;
    Car de croire vne amour si parfaite & si rare,
Vne si grande foy ne se rencontre point.

G ij

LA LANGVEVR,

A MONSIEVR

RANCHIN

PREMIER MEDECIN

de Mademoiselle.

R Anchin, ie ſuis atterré,
  Mon poulmon s'eſt alteré,
Ma fluxion recommence:
Et dans ce mal ennuyeux,
Ie n'implore l'aſſiſtance
Que des Medecins des Dieux.

Bien que tu loges ſi loin,
De ton Art en ce beſoin
Ne ſçaurois-ie rien attendre?
Si i'ay recours aux Autels
Te feray-ie point deſcendre
Du Palais des immortels?

Si dans ce preſſant ennuy,
I'oſe flatter auioud'huy
Leur adorable puiſſance;
Puis-ie attendre auec raiſon
Qu'ils t'accordent la licence
D'agir pour ma gueriſon?

Apollon t'en parlera,
Ce Dieu qui nous inſpira
Dés nôtre âge le plus tendre;
Et qui nous fit auiſer
Quel chemin nous deuions prendre
Pour nous immortaliſer.

C'eſt celuy qui nous apprit
Selon nos talents d'eſprit,
D'admirables conſonances;
Quand ſous ſes doctes leçons
Tu dreſſois des ordonnances
Et i'eſcriuois des chanſons.

Mais, quel beſoin en ce lieu,
D'employer vn ſi grand Dieu
Pour obtenir cette grace?
Ces vers nez de mon loiſir
N'auront-ils pas l'efficace
De t'en donner le deſir?

A la naissance d'vn mal,
Si cruel & si fatal,
Et dont la suite m'acable,
Tu t'offris à mon secours,
D'vne ardeur si remarquable
Qu'il m'en souuiendra tousiours.

Lors que ta Diuinité
Se promeine en liberté
Auec l'Amour & les Graces;
Dispense toy du deuoir,
Qui te fait suiure ses traces,
Afin de me venir voir.

Le fil digne & precieux
De ce chef-d'œuure des Cieux,
Est chery des Destinees:
Son teint fait assez de foy
Qu'elle viura cent années
Sans auoir besoin de toy.

Ranchin, veille donc choisir
Vn quart-d'heure de loisir,
Pour vn amy, qui t'en prie;
Ie croirois que dans demain
Ma fievre seroit guerie
Si tu m'auois pris la main.

Car en ton Art glorieux,
Ton esprit industrieux
A merité des Couronnes ;
Par vn miracle nouueau
Redreffant mille perfonnes
Qui panchoient vers le tombeau.

Ton Oncle égal en honneur
A ce docte Gouuerneur
Qu'eut Achille en fon bas âge :
Ne s'eft-il pas furmonté
Lors qu'il t'a monftré l'vfage
Des fecrets de la fanté ?

Celuy que Rome implora,
Et qu'Epidaure honora
De monuments fi fuperbes ;
Ne pouuoit cognoiftre mieux
Ny la puiffance des herbes,
Ny le mouuement des Cieux.

Tu fçais de quelle façon,
Il ranima ce Garçon,
Dont la cendre eftoit efteinte :
Et tu pourrois l'imiter,
Si tu n'auois point de crainte
Des foudres de Iupiter.

Maintenant pour m'aßiter,
Tu ne dois pas redouter
Qu'vn feu du Ciel te consomme:
Quand tu feras cét effort,
Tu n'obligeras qu'vn homme
Qui n'est pas encore mort.

APOLOGIE

APOLOGIE

de la main temeraire.

O Fille ingrate autant que belle,
Par quel sentiment inhumain
Oses tu repousser ma main,
Et la traiter en criminelle?
Sçache que sa temerité
Ne sçauroit auoir merité
Ny de châstiment ny de blâme;
Puis qu'elle n'auoit fait dessein
Que d'aller reprendre mon ame
Que tes yeux m'ont volée, & mise dans ton sein.

H

LE IVGEMENT DEFINITIF.

Laiſſe cét amoureux procés,
Tu n'en peux auoir bon ſuccés;
C'eſt en vain que l'on l'examine ;
Ton frere te condemneroit,
Et chacun cognoiſt à ta mine
Que tu ne peux auoir bon droit.

POVR

MONSEIGNEVR
LE DVC D'ORLEANS,

Lors que son Altesse commandoit
les Armes du Roy en la Prouince
de Picardie.

O D E.

Ngrate cause de mes veilles,
I'ay trop escrit de desespoirs
Sur les cruautez nompareilles,
Dont tu rebutes mes deuoirs.
GASTON qui va porter la guerre
Aux extremitez de la Terre,
M'oblige à changer de discours;
Et i'ayme mieux dans nos alarmes
Chanter la gloire de ses armes,
Que la honte de mes amours.

Ce jeune & glorieux Achille
A qui tant d'honneur eſt promis,
A deſia repris vne ville
Et repouſſé les Ennemis :
Le voila deſia qui s'apreſte
Pour aller faire la conqueſte
D'vne precieuſe Toiſon;
Suiuy de cent Heros d'élite
Qui ne cedent pas en merite
A ceux qui ſuiuirent Iaſon.

Prince Illuſtre, prens vne pique,
Et va combatre à coups de main
Le rauiſſant Lyon Belgique
Et le ſuperbe Aigle Romain.
Portant tes Armes inuincibles
Contre ces Monſtres ſi nuiſibles
Par qui nos champs ſont deſolez,
Fay ſortir apres tant de Guerres,
De leurs ongles & de leurs ſerres,
Les Eſtats qu'il nous ont volez.

Suy la Victoire qui t'appelle
Escartant de toy le malheur;
Et gagne vne Palme immortelle
Qu'elle propose à ta Valeur.
L'Artois soûpire en sa misere
Sous vne Puissance estrangere
Qui le tient en captiuité;
Aujourd'huy ta fatale espée
Ne peut estre mieux ocupée
Qu'à luy rendre sa liberté.

Milan, dont l'horrible Couleuure
Nous à tant deuoré d'Enfans;
Doit estre le second Chef-d'œuure
De tous ces exploits triomphans.
Le Pô dessus son lit humide,
Predit de toy qu'vn jeune Alcide
Est sur le point de l'écorner,
Et que de ta juste cholere
La Sicile attend le salaire
Des Vespres qu'elle fit sonner.

L'art dont i'escry les belles choses
N'attend que tes gestes guerriers,
Comme ie t'ay donné des Roses,
Ie te veux offrir des Lauriers.
Fen les Escadrons comme vn foudre,
Et nous fay voir dessus la poudre
Vn nouuel Hector atterré :
Ie despeindray si bien l'Image
Des merueilles de ton courage
Qu'Alexandre en auroit pleuré.

Mais sois jaloux de cette gloire
Que le temps ne pourra finir,
Tesmoigne aux Filles de Memoire
Qu'elles sont en ton souuenir :
GASTON, ces Vierges cognoissantes,
Attendent sans estre pressantes
Le bien qu'elles ont merité :
Et laissent aux lasches courages
La poursuite des auantages
Qu'on a par importunité.

A SON ALTESSE
ROYALE.

Grand Miracle de l'Vniuers,
Diuin GASTON, vous deuez craindre
Que le feu d'où naissent mes vers
Faute de Bien, vienne à s'esteindre;
Possible serez vous blâmé
De n'auoir pas assez aimé
Tout ce qui sert à vostre gloire;
Si la Lampe qui dignement
Peut esclairer vostre memoire,
N'a de l'huile suffisamment.

A MONSIEVR
LE COMTE
DE BRION.

Comte, Noble & Genereux,
Et qui fais assez connestre
Que ton cœur est amoureux
De la gloire de ton Maistre.
Despein-luy mon triste Sort,
Et te joins par cét effort
A cette Ame peu commune,
Pour veincre les cruautez
Dont ma mauuaise Fortune
Lutte contre ses Bontez.

A MONSIEVR

A

MONSIEVR L'ABBE'
de la Riuiere.

Esprit agreable & charmant
Où tant de graces sont infuses;
Et qui si liberalement
As receu des presens des Muses.
Souuien-toy dans ton procedé
Que ie te suis recommendé
Par les neuf filles de Memoire.
La Riuiere, sans t'accuser
D'vne ingratitude trop noire,
Tu ne leur peux rien refuser.

A SON
ALTESSE ROYALE,

Faisant l'Estat de sa Maison
à Blois, en l'année 1636.

Digne Sujet dont mes loisirs
Eterniseront la memoire;
D'autres seruent à vos plaisirs
Et moy ie sers à vostre gloire :
GASTON, vostre seule bonté
Vous parle de la cruauté
De mes mauuaises destinées.
Verrez vous sans ressentiment
Que mon cœur depuis quinze années
Vous adore inutilement?

A MONSIEVR

DE

CHAVDEBONNE

ODE.

Toy que d'vne voix generale
Mars & l'Amour ont auoüé,
Et que les Astres ont doüé
D'vne humeur franche & liberale.
CHAVDEBONNE, puisque le Ciel
A gardé pour moy tant de fiel,
Ne t'oposes point à sa hayne;
Et ne vas point mal a propos
Te donner tant soit peu de peine,
Pour m'acquerir plus de repos.

Laisse faire à la Destinée;
Il ne faut pas s'imaginer
Qu'en l'humeur de m'importuner
Elle soit tousiours obstinée.
Comme on void apres les frimats,
Dont l'Hyuer glace nos climats
La douceur du Printemps renaistre;
Mes iours sortiront de leur nuict,
Et mon bon-heur touche peut estre
Au malheur dont ie suis destruit.

Si ces Astres dont l'influance
Preside à mes prosperitez,
Roidissent leurs seueritez
Contre ma petite esperance:
Emportant bien tost loin d'icy
Toutes les pointes du soucy
Que me donne cette auanture;
I'iray perdre dans ma Maison
Les ressentimens d'vne iniure
Dont ie ne sçay pas la raison.

Sous des monts tels que ceux de Thrace
Où le froid est presque tousiours,
On descouure de vieilles Tours
Où je puis cacher ma disgrace.
Tous les ans pres de ce Chasteau,
Le dos d'vn assez grand costeau
D'vne blonde iauelle eclate ;
Et si l'air n'est bien en fureur,
Cette terre n'est guere ingratte
A la peine du Laboureur.

Elle n'a qu'vn deffaut insigne
Qu'on repare chez les voisins ;
C'est qu'on y void peu de raisins
Pendre aux bras tortus de la vigne.
Mais lors que les prez sont fauchez,
Et que les bleds qu'on a couchez
Ont esté serrés dans la grange ;
Bacus y vient bien tost apres
Dans des Chars tous plains de vandange
Festoyer auecque Ceres.

Iamais le desir des richesses
Ne troublera mes sentimens ;
La Nature & les Elemens
Me feront assez de largesses ,
L'Or éclatant dont le Soleil
Vient couronner à son réueil
Le front orgueilleux des Montagnes ;
Et l'argeant pur qui va coulant
Sur l'émail fleury des Campagnes
Me rendront assez opulent.

La nuict, quand mille pierreries
Luy donnent vn peu de blancheur ,
Quand son silence & sa fraischeur
Flatent mes douces resueries.
L'Aurore auecque ses habits
Dont les Saphirs & les Rubis
Tanterent l'ame de Cephale ;
Et l'Iris offrant à mes yeux ,
Vn Arc des couleurs de l'Opale ,
M'offrent tous les thresors des Cieux.

L'Echo d'vn Bois ou d'vn Riuage
Où les Bergers vont s'enquerir
Du Destin qu'ils doiuent courir
Viuans sous l'amoureux seruage.
La Musique de mille Oyseaux,
Le bruit & la cheute des eaux
Qui se precipitent des roches,
Et l'ombre au fort de la chaleur,
Me feront de iuste reproches
Si ie m'y plains de mon malheur.

Puis, quand les procés, ou la guerre
Que l'on ne sçauroit éuiter;
Ligués pour me persecuter,
M'auroient desolé cette Terre,
Quant vne ardante exalaison,
Ou quelque grande trahison,
Auroient mis ma retraite en flâme;
Ces maux sont aisez à guerir,
Puis qu'il me reste encore en l'ame
Des Biens qui ne sçauroient perir.

Par tout où ce n'est point vn crime
Que d'aymer la fidelité :
Par tout où la sincerité
Peut trouuer tant soit peu d'estime,
Que ie trauerse autant de Mers
Que j'aborde autant de desers
Qu'Vlisse, ou que le fils d'Anchise,
Ie sçay que le Ciel m'a promis
Que mon esprit & ma franchise
M'y feront trouuer des Amis

En quelque Quartier où i'arriue,
Si l'on y fait estat des Arts ;
Soit qu'en ces lieux Minerue, ou Mars
Plantent le Laurier, ou l'Oliue
Du Prince le moins curieux,
Et mesme du moins glorieux
Dont il soit parlé dans l'Histoire,
L'honneur se desmentira bien
Si pour auoir beaucoup de gloire
Il ne me fait vn peu de bien.

Il eſt vray que loin du grand Prince
Dont mon eſprit eſt amoureux;
Ie ſerois touſiours malheureux
Euſſay-ie acquis vne Prouince;
Le ſort auroit beau m'obliger,
Il ne pourroit iamais purger
L'humeur dont ie ſerois malade:
Et le Ciel n'a point de liqueur
Dont la douceur faſcheuſe, & fade,
Ne me fit touſiours mal au cœur.

Mais toy qui gouuernes les Anges
Qui peuuent tout pour mon bonheur,
Fay qu'ils m'acordent cét honneur
Pour le prix de mille loüanges.
Releuant de mille clartés
Leurs adorables qualités;
Ie feray ſi bien leur image,
Qu'il n'eſt homme entre les Mortels
Les voyants peints en mon ouurage,
Qui leur refuſe des Autels.

K

CHAVDEBONNE, si leur responce
A pour moy quelque trait humain;
Que tout au plus tard, dans demain
Quelqu'vn de ta part me l'anonce.
Mais s'il me succede autrement,
Trahy moy le plus doucement
Que peut faire vn Amy fidelle;
Ne me fais faire le rapport
D'vne si funeste nouuelle,
Qu'vne semaine apres ma mort.

SONNET.

D'Aphnis fay moy raifon de mes auerfitez;
Depuis vingt ans entiers ie fers vn fils de Fràce;
Et bien qu'il foit illuftre en rares qualitez,
Ie ne fuis reconnu d'aucune recompenfe.

Apollon dont les foins m'ont conduit des l'enfance
Loin de l'ambition & des profperitez;
D'vn immortel renom flate mon efperance
Au lieu des autres biens que i'aurois meritez;

Ce Dieu pour adoucir toute mon amertume,
Me promet qu'à iamais ce qui part de ma plume
Sera des beaux Efprits l'agreable entretien.

Mais i'eftime ce bruit autant qu'vne fumée;
Car fi durant la vie on a fi peu de bien,
Que fert apres la mort beaucoup de renommée?

LES SOINS SUPERFLUS,

A MONSIEUR DE....

Stances,

QVite les soins où tu t'apliques
Cherchant les parchemins antiques
Qui nous font voir ton nom dans les siecles passez:
Car de quelques Ayeulx que tu puisses descendre,
Tes rares qualités nous tesmoignent assez
Comme tu n'est pas nay moins noble qu'Alexandre.

Bien que ta Maison soit illustre,
Ta gloire ne prend pas son lustre
De ceux dont ton païs receut jadis la loy.
Et si tu n'auois point de cœur ny de franchise,
Ie serois plus d'estat d'vn Berger que de toy,
Quand tu serois sorti de la race d'Anchise.

A quoy font bonnes les remarques
De ces Peres dont nos Monarques
Ont aymé la Valeur & chery le Confeil ;
Et qu'on puiffe monftrer au front d'vne Chronique
Qu'on eft forty d'vn fang plus clair que le Soleil ,
Lors que l'on eft plus noir qu'vn more de l'Affrique?

Cæfar eut des parans infames
Qui filoient auecque les femmes ;
Il eut pour fucceffeurs vn Tybere, vn Neron :
Et la pofterité trouua cent fois plus jufte
Que l'Vniuers reçeuft la loy d'vn Forgeron
Que de ceux qu'on tenoit pour les Neueux d'Augufte.

Il eft vray que la bonne race
Ajoufte encore quelque grace
A ceux dont la Vertu fe fait voir clairement :
Mais quelques monuments que d'Hofier te prepare ,
L'efclat de ta naiffance eft le moindre ornement
Qui puiffe mettre en prix vn merite fi rare.

K iij

IMITATION

D'ANNIBAL CARO.

SONNET.

L'Amante de Cephale entr'ouuroit la barriere
Par où le Dieu du iour monte sur l'Horison;
Et pour illuminer la plus belle saison,
Desia ce clair flambeau commençoit sa carriere.

Quand la Nimphe qui tient mon ame prisonniere,
Et de qui les appas sont sans comparaison;
En vn pompeux habit sortant de sa maison,
A cét Astre brillant oposa sa lumiere.

Le Soleil s'arrestant deuant cette Beauté
Se trouua tout confus de voir que sa clarté
Cedoit au vif éclat de l'Objet que i'adore:

Et tandis que de honte il estoit tout vermeil;
En versant quelques pleurs, il passa pour l'Aurore,
Et Philis en riant, passa pour le Soleil.

L'INIVRE PRISE

en bonne part.

IE ne suis point dans les caprices
De tous ces superbes Esprits
Qui veulent maintenir les vices
Qu'on remarque dans leurs escrits.
De moy, qui fay gloire d'aprendre,
Au contraire de me deffendre
Contre cette vtile rigueur:
Belle Philis, ie vous asseure
Que ie baiserois de bon cœur
Vne bouche qui me censure.

CHANSON.

PErmettez moy de mourir,
Puis que ie ne sçaurois guerir
Du secret poison qui me tuë :
O rigoureux malheur !
Lors que ma force diminuë,
Ie sens tousiours accroistre ma douleur.

Voyez un peu la rigueur
Dont vous tirannisez mon cœur
Au temps que ie perds la lumiere.
O malheureux Destin !
Mes jours acheuent leur carriere
Et ma douleur ne prend iamais de fin.

RECOGNOISSANCE

RECOGNOISSANCE
d'vn bon Office.
MADRIGAL.

Miracle adoré des humains,
Puis que ma fortune vous touche,
L'honneur que i'ay reçeu de voſtre belle bouche
M'oblige de venir baiſer vos belles mains.

Mais ô diuin objet dont ie ſuis idolatre !
Ne m'addreſſeray ie point mal ;
Pourray-ie auec raiſon remercier l'Albatre
Du bien que ma fait le Coral ?

POVR DEVX VAZES

de fleurs de tapisserie faicts de
la main de Madame
de Chameson.

CES fleurs & ces feüillages verds
Ne craignent point que des hyuers
La rigueur leur face la guerre?
Car c'est l'ouurage nompareil
D'vn Astre qui luit sur la terre
Plus noblement que le Soleil.

L'INIVSTE TIRANNIE.

SONNET.

LA Nature a formé le teint de Roselie
Auec tous ces appas, ces fleurs & ces clartés
Que l'art ingenieux des Peintres d'Italie
Nous peut representer en des diuinités.

Des plus hautes Vertus sa belle ame est remplie,
On y peut admirer cent rares qualités :
Et si cette Beauté ne se treuue acomplie,
Il n'est point icy bas de parfaites Beautez.

Cependant la Fortune, outrageuse marastre,
A la persecuter se rend opiniastre ;
Et ne s'apaise point des maux qu'elle à soufers :

Monstre ennemy mortel des plus dignes Personnes,
Faut-il que sans raison tu luy donne des fers,
Lors que si justement tu luy dois des couronnes ?

L ij

MADRIGAL

POVR

MADEMOISELLE

IEVNE Aurore, Soleil naissant,
Dont le merite rauissant
Ne fait tous les iours que s'acroistre;
Il ne faut rien qu'auoir des yeux
Pour facilement recognoistre
Que vous estes du sang des Dieux.

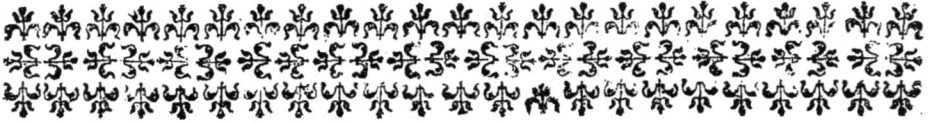

POVR

MADAME

LA PRINCESSE.

❦

P RINCESSE de qui les Vertus
    Tenant les vices abatus
Triomphent auec tant de gloire :
Quel objet s'est iamais trouué
Dont la vie ait orné l'Histoire
D'vn Miracle mieux acheué ?

POVR
MADEMOISELLE
DE BOVRBON.

*B*Elle *sidere , Astre noúueau ,*
Vn soir que vous estiez sur l'eau
Aussi bien que l' Astre du monde ;
L'esclat de vos beaux yeux qui n'a point de pareil
Obligea les Nimphes de l'onde
A venir vous offrir le Palais du Soleil.

AVIS

A MADAME
LA DVCHESSE
D'AYGVILLON.

L A Charmante mere d'Amour
Se plaignoit de vous l'autre iour,
Contre vos beautez irritée ;
Et le suiet de son courous
C'est que les Graces l'ont quitée
Pour demeurer auecque vous.

POVR

MADEMOISELLE

DE

RAMBOVILLET.

Vec cette pudicité
Qu'on admire en voftre Beauté
Minerue pouuoit eftre peinte;
Lors qu'elle demandoit encor
Entre l'efperance & la crainte,
Vn Arreft fur la pomme d'or.

POVR

POVR

MADEMOISELLE

DE

FAVRS.

❦

O Ieune Miracle des Cieux,
Quels sçauant Peintres sont vos yeux ?
Ils ne font que des traits de flame :
Mais lors qu'il leur plaist de tracer
Vostre beau portrait dans vne Ame,
Rien ne l'en sçauroit effacer.

M

POVR

MADAME
LA COMTESSE
DE TESSE

La jeûne.

LE bruit que vous verrez icy
A semé des fleurs de soucy
Sur des teints de lys & de roses;
Mais Paris a peine à penser
Que vous luy vouliez effacer
Tout ce qu'il a de Belles choses.

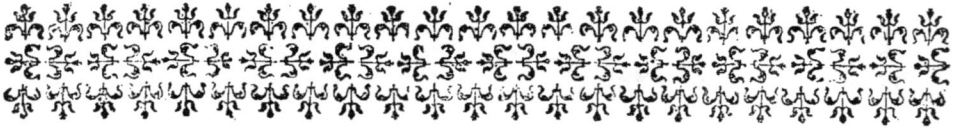

PRONOSTIC
POVR
MADAME
LA COMTESSE
DE BELIN.

L'Aspect des Astres que j'obserue
Voie à cette ieune Minerue
Vn cœur digne de ses regards;
Aussi n'a telle pas affaire
D'vn Mary qui dans les hazars
Ne passe comme fait son Frere,
Pour la viue image de Mars.

M ij

POVR
MADEMOISELLE
DE VERTV.

O *Que d'apas & de beautez*
D'esprit de grace , d'eloquence,
Et d'adorables qualitez
Establissent vostre puissance !
Est il empire sous les Cieux
Qui vaille celuy de vos yeux ?

POVR

MADEMOISELLE

DE

CHEMERAVT

Peinte en Magdelaine.

QVel objet si plain de Beauté
Auec tant de seuerité
Se faict à luy mesme la guerre?
Diroit on pas que ces beaux yeux
Font amande honorable aux Cieux
D'auoir bruslé toute la Terre?

※※※※※※※※※※※※※※※※※※※※※※※※※※※※

POVR
MADEMOISELLE
DE
PRALIN.
CHANSON.

B Elle Prâlin, ie vous promets
De me souuenir à iamais
Des deuoirs dont voftre merite
Me solicite.

❦

S'il faut que le bruit de mes vers
S'efpande par tout l'Vniuers ;
En tous lieux voftre renommée.
Sera femée.

Fille égale aux Diuinitez,
Vous auez mille qualitez,
Vous auez mille apas encore,
    Que l'on adore.

Qui void l'AZur de vos beaux yeux
Et ne cognoist pas que des Cieux
C'est vn Miracle tout visible,
    Est insensible.

Que le beau sang dont vous sortez
Paroist en vos rares bontez:
Ce sont des trais que le vulgaire
    Ne produit guere.

Si le Ciel exauçoit mes vœux
Vostre front & vos beaux cheueux,
Seroient pressés à l'heure mesme
    D'vn Diadesme.

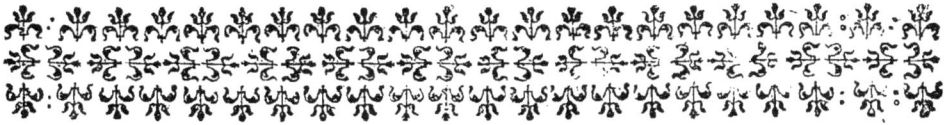

POVR
MADAME
LA COMTESSE
DE SVZE.

Sur sa maladie.

Par ceste fievre continuë
Le bruit glorieux diminuë
Que s'estoient acquis vos apas :
Auant ces attaques cruelles
La Terre ne vous mettoit pas
Au nombres des Beautez mortelles.

POVR

POVR

MADAME

LA MARQVISE

DE

GRIMAVT.

LA Parque s'eſt bien abuſée
Ourdiſſant la noble fuzée
Qui de vos ans marque le cours ;
Trauaillant à remplir des Throſnes,
Elle penſoit filer les iours
D'vne Reyne des Amazones.

N

POVR VNE

EXCELLENTE BEAVTE'

Qui jouoit aux Cartes.

CEla n'estoit point rare à ses beautez, diuines
Alors qu'il arriuoit qu'elle prenoit des Rois ;
Et qu'enleuant des cœurs auecque ses beaux doits,
Elle mesloit parmy des fleurs, & des espines :
Mais qu'elle ait tout gagné, quelque jeu qu'elle ait eu,
Cette heureuse auanture est vrayment peu commune:
Ce n'est pas tous les iours que l'on void la Fortune
En bonne intelligence auecque la vertu.

✠✠✠✠✠✠✠✠✠✠✠✠✠✠✠✠✠✠✠

RECIT

D'ORPHEE

AMENANT DES ITALIENS

Au Roy.

LOVIS la Merueille des Rois,
De qui les Armes & les Lois
Sont l'honneur du siecle où nous sommes :
Ie viens de ces aymables lieux
Où vous auez fait voir aux hommes,
Que vous estes pareil aux Dieux.

❧

Ie viens de ce plaisant Terroir
Où de vostre diuin pouuoir,
Des Rois ont fait experience :
Esprouuants par vn rare effort
Que l'honneur de vostre alliance
N'est pas vn vulgaire suport.

N ij

L'Eridan veid ces iours passez
Comme en faueur des oppressez
Vous rendites ses ondes calmes;
Recueillant aux bords de ses eaux
Plus de Lauriers & plus de Palmes
Qu'il n'a de joncs & de roseaux.

Pour confirmer ce que ie dis
De ce terrestre Paradis
I'ameine des tesmoins fidelles;
Qui raconteront vos exploits
Et vos loüanges jmmortelles
D'vn stile plus doux que ma voix.

MINERVE
AV ROY.
RECIT.

Monarque le plus glorieux
Qui fut jamais sur la Terre ;
Prince juste & victorieux
L'apuy des loix & l'honneur de la guerre ;
Les Dieux, ô digne Roy,
Ont ils des qualitez plus diuines que toy?

Ton ame n'aspire qu'au bien ;
Ton cœur abhorre le vice,
Et ta Valeur n'entreprend rien
Qu'apres auoir consulté ta Iustice.
Les Dieux, ô digne Roy,
Ont ils des qualitez plus diuines que toy?

N iij

LA IOYE

A

LA REYNE.

IMAGE des Diuinitez,
Reyne que mille qualitez
De tout point rendent acomplie:
O que de graces ie vous dois !
En faisant vn Dauphin , vous m'auez establie
Dans le cœur du plus grand des Rois.

Princesse que tous les mortels
Iugent digne de mille Autels
Par tant de Vertus immortelles,
Puis que vos charmes sont si dous
Ie fay vœu desormais, ô Miracle des Belles !
D'estre tousiours aupres de vous.

LES
GRACES
A
LA REYNE.

Soleil que veid naiftre le fleuue
Où fe couche l'Aftre du iour;
Reyne, en qui Minerue fe treuue
Mere pudique d'vn Amour;
Si l'on void aujourd'huy les Graces
Se preffer de fuiure vos traces,
Ce n'eft pas vne nouueauté;
Les Cieux nous firent l'ordonnance
D'accompagner voftre Beauté
Dés l'heure de voftre naiffance.

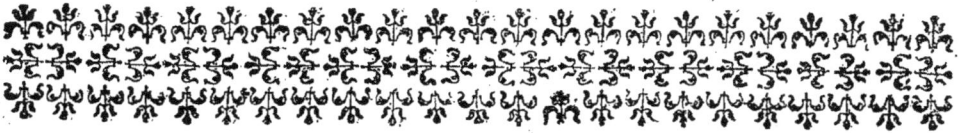

POVR

DES SATYRES.

NOus auons veu mille fois
Auec sa troupe fidelle
La chaste Reyne des Bois;
Mais elle n'est pas si belle,
Et sent moins son immortelle
Que la Reyne des François.

DESIRS

DESIRS
TEMERAIRES.

NOus deuons prendre vn vol hautain
Dans vne ardeur defmefurée ;
Si noftre trefpas eft certain,
Noftre gloire eft bien affeurée.
Icare approcha du Soleil
Malgré le timide Conseil
D'vne affection paternelle.
Conceuons le mefme difcours ;
Imitons-le dans nos amours ,
Il fit vne cheute mortelle :
Mais fon audace fut fi belle
Que l'on en parlera toufiours.

O

POLIPHEME

L'Amour retenoit ma malice
Auant que le subtil Vlysse
Priuast mon œil de sa clarté.
Mais à quel point se fust portée
Ma cruelle brutalité,
Sans le respect de Galatée?

HERCVLE
FILANT.

O Secret des Deftins qui m'eftoit incognu!
O puiffance d'Amour fatale à ma memoire!
Ay-ie en tant de combas remporté tant de gloire
Pour me voir defarmer par vn Enfant tout nu?
Apres auoir efteint des Serpens effroyables,
Apres auoir domté des Geants indomtables,
Rauagé les Enfers, & fouftenu les Cieux;
Lors qu'il n'eft point d'orgueil que ma valeur ne braue,
Ie ne puis refifter aux trais de deux beaux yeux;
Et ie deuiens en fin l'Efclaue d'vne Efclaue.

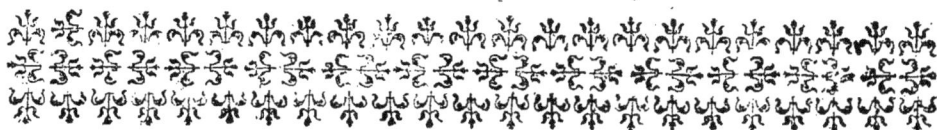

ACHILLE.

O Polixene, Objet charmant!
Si la Parque perfidement
De mes iours n'euſt coupé la ſoye,
Mon amoureux embraſement
Euſt empeſché celuy de Troye.

MARC-ANTHOINE.

O Nil que pour ſuiure ta Reyne
Ie m'aquis de honte & de peine!
I'en ateſte tous les Romains.
Anthoine deuoit-il pas eſtre
Le maiſtre de tous les humains,
Si l'Amour n'euſt eſté ſon Maiſtre?

ROLAND
AMOVREVX.

I'Ay dompté l'orgueil de vingt Rois,
I'ay fait les destins & les loix
Et de l'Asie & de l'Afrique :
I'ay veincu dans mille combas,
Mais vn seul regard d'Angelique
M'a fait mettre les armes bas.

Pour mettre

SOVS LE PORTRAIT

DE LA

SERENISSIME
REYNE

DE LA

GRANDE BRETAGNE.

CEtte jeune Reyne est si belle
Que l'on ne void rien de pareil:
Le Soleil est moins au pris d'elle
Que n'est l'ombre au pris du Soleil.

POVR VN

PORTRAIT

DE L'INCOMPARABLE

SYLVIE.

CE bel objet lance vne flame
Qui ne doit brusler que les Dieux;
Car les Vertus sont dans son Ame
Comme l'Amour est dans ses yeux.

LES
AVANTAGES
D'VNE LONGVE
Abſance.

MADRIGAL.

Objet dont la grace inuincible
Range les Dieux ſous ſon pouuoir;
Belle Aſtrée eſt-il bien poſſible
Que ie viue vn mois ſans vous voir?
S'il faloit que le Ciel d'vne ialouſe enuie
Traitaſt ainſi toute ma vie,
Que mes yeux ſeroient mal contans.
On verroit d'vn ſeul bien flatter mes deſtinées,
C'eſt que iamais mortel ne veſcut ſi long-temps
Parce que tous les iours me ſeroient des années.

LES MISERES HVMAINES.

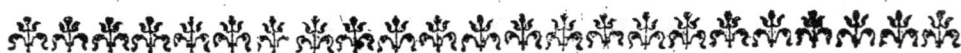

A MONSIEVR

DE SAINTOT

THRESORIER DE

la Maison du Roy.

STANCES.

CHer *SAINTOT, que d'infirmitez,*
D'ennuis & de calamitez
Troublent le cours de nos années!
Que nous gouftons peu de plaifirs,
Et que les Loix des Deftinées
Refpondent mal à nos defirs!

P

Hors ce feu dont le mouuement
Donne par tout son ~~mou~~jugement,
Et sçait comparer tant d'jmages :
L'homme est sujet à plus de maux
Et n'a gueres plus d'auantages,
Que le reste des Animaux.

La Mer produit mille poissons
De toutes sortes de façons
Qui naissent instruits à la nage,
Et qui soudain qu'ils sont esclos
Sçauent prendre leur Apanage
Sur le grand Domaine des flots.

Le Lyonceau dans son rocher,
Si tost qu'on s'en veut aprocher
Montre vne fierté naturelle ;
Et dans ses regards furieux
On void briller vne estincelle
De l'audace de ses Ayeux.

L'Ayglon, dans son ayre écarté,
Dés qu'ils est mis à la clarté
L'ose affronter de sa prunelle;
Et dés l'instant qu'il peut voler
Sous la conduite paternelle
S'establit Monarque de l'air.

L'homme naist sans estre vestu,
Sans conseil, force ny vertu,
Priué de toutes cognoissances;
Et n'a que des gemissemens
Pour oposer aux inclemences
Des Astres & des Elemens.

Lors qu'il arriue en la saison
Où la clarté de la raison
Commence à luire dans son ame;
Il ne reçoit ce nouueau jour
Que pour mieux ressentir la flâme
Qu'alume le flambeau d'Amour.

O comhien ses nouueaux desirs
Luy font naistre de desplaisirs
S'il ayme des Beautez diuines,
Et s'il se propose des Fleurs
Que l'orgueil entoure d'espines,
Et qu'il faut aroser de pleurs?

O qu'il passe de mauuais iours!
Et que d'inuisibles Vautours
De son jeune cœur font leur proye;
Tandis qu'en ces empressemens
Il achette vn moment de ioye
Auec des siecles de tourmens.

Apres, s'il est interressé,
N'est-il pas nuict & iour pressé
De mille soins qui l'ayguillonnent?
Peut-il moderer les accez
Des Violences que luy donnent
Les querelles, ou les procez?

S'il se rend amoureux des Arts ;
Soit qu'il suiue Minerue ou Mars,
Il deuient l'objet de l'Enuie :
Il donne prise au mauuais sort
Et des beaux Labeurs de sa vie
Il n'a le fruit qu'apres sa mort.

L'esprit jaloux de ses Riuaux
Espanche sur tous ses trauaux
Le venin de sa medisance :
Et d'vn art subtil & puissant,
Qui le couronne en sa presence
L'immole quand il est absent.

Encore l'on pourroit trouuer
Assez de raisons pour brauer
Toutes ces funestes matieres ;
Si les Destins auoient permis
Que nos larmes & nos prieres
Peussent conseruer nos Amis.

Mais la Parque aux seueres loix,
Qui prend tout sans ordre & sans choix
Nous les rauist à nostre veue :
Et dans ses cruels mouuemens
La Barbare n'est point esmeuë
De nos tendres ressentimens.

Ne porte t'elle pas les mains
Sur les plus dignes des humains.
Sans que rien s'opose au contraire ?
Et les pleurs du grand RICHELIEV
Luy sçeurent-ils oster vn Frere
Qui passoit pour vn demy-Dieu ?

TERMES qui fut si genereux,
Ce cœur de la gloire amoureux,
Et qui fut la gloire des Armes :
A-t'il eu quelque fort plus beau
Et ROGER auec tant de larmes
La t'il peu sauuer du Tombeau ?

HVMIERE que Mars & l'Amour
Rendoient l'ornement de la Cour;
N'a-t'il pas aussi rendu l'ame :
Et ses iours si clairs & si beaux
Ont-ils peu garentir leur trame
Du vif trenchant de ses Cyseaux ?

De combien de rares Beautez,
Qui captiuoient nos libertez,
La gloire est-elle enseuelie ?
Philis n'est plus dans l'Vniuers
Et rien ne reste d'Idalie
Que son nom qu'on void dans mes vers.

Le Parnasse n'est pas exempt
D'vn trait si rude & si cuisant
Qui reduit tant de corps en poudre;
Les fronts qu'il couure de Lauriers,
Sont abatus par cette foudre
De mesme que ceux des Guerriers.

Homere est mort , Pindare esteint
Les mesmes rigueurs on attaint
Les Virgiles & les Horaces
Et celuy qui d'vn air si doux
Fit parler l'Amour & les Graces
Et tombé sous les mesmes coups.

Malherbe qui fut sans pareil
A treuué le dernier sommeil
A la fin de ses doctes veilles :
Luy donc les escrits en nos iours
Sont des plus sçauantes oreilles,
Les delices & les amours.

C'EST

C'est ce qui me fait souspirer;
C'est ce qui me fait retirer
En ma solitude secrette;
Pour penser plus tranquillement
A ceste derniere retraitte
Qu'il faut faire infailliblement.

SAINTOT ne prenons point d'amour
Pour ce miserable sejour
Puisque ce n'est rien qu'vn passage.
L'insensé suit la vanité,
Mais il faut que l'esprit du Sage
Butte droit à L'ETERNITÉ.

SVR LE
PORTRAICT
DE LA
REYNE
DE LA
GRANDE BRETAGNE

Fait d'vne excellente enlumineure.

STANCES.

A Mour fit de ſa propre main
Cette meruilleuſe peinture ;
  Exprimant d'vn art plus qu'humain
Le plus celeſte Objet qui ſoit en la Nature.

Au vif esclat de ces beaux yeux,
   Il a mis les aymables charmes
   Dont il force les plus grands Dieux
A luy faire tribut de soûpirs & de larmes.

Sur les noûueaux lys de ce teint
   Qui fait honte aux plus belles choses,
   Il semble mesme qu'il ait peint
La fraischeur tout ensemble & l'incarnat des roses.

Ce beau poil enflé mollement
   D'vn Zephir qui le frise en onde ;
   Dans vn desordre si charmant
Peut bien donner des loix aux plus grands Roys du
      Monde.

Le tour de ces sourcils voûtez,
   Consacre deux Arcs à la Gloire ;
   Qui se courbans de deux costez,
Enrichissent d'Ebene vne table d'Yuoire.

Q ij

Sa bouche est un coral viuant
　　Qui parfume l'air sur ses traces;
　　Et d'un stile doux & sçauant
Exprime les Vertus du mesme ton des Graces.

L'albastre mouuant de son sein
　　Qui repousse au large sa robe;
　　Au gré d'un modeste dessein,
Sous l'ombre d'un mouchoir à moitié se dérobe.

Que sa taille encore à d'apas!
　　Iunon ne l'auoit point si belle
　　Quand la majesté de ses apas
Aprenoit aux mortels qu'elle estoit immortelle.

Ces trais ont un charme secret
　　Par qui l'ame est embarassée:
　　Car sans contrainte & sans regret
On n'en peut retirer ses yeux ny sa pensée.

Chaste Objet, diuine Beauté
　　Que l'on peut mettre au rang des Anges;
　　Si ce Portraict n'est pas flaté,
Vous ne la serez point par toutes mes loüanges.

ANGELIQVE
GVERISSANT MEDOR
de ses blesseures.

MADRIGAL.

LA plus estrange ingratitude
Que l'on ait iamais exercé,
Regne en la sombre solitude
Où ie pren soin de ce blessé :
Le charmeur qu'il est, m'ensorcelle
Lors qu'auec vne herbe nouuelle
Ie le tire de sa langueur:
Ie le sauue, luy m'assassine;
Et ce cruel, m'ouure le cœur
Quand ie luy ferme la poitrine.

SVR VN

NARCISSE

DE MARBRE FAIT EN

relief, de la main de Michel-ange.

MADRIGAL.

CE n'est ny marbre, ny porphyre,
Que le corps de ce beau Chasseur,
Dont l'haleine d'vn mol Zephire
Euente les cheueux auec tant de douceur.
En cette diuine sculpture,
On void tout ce que la Nature
Peut iamais acheuer de mieux.
S'il n'entretient tout haut l'image rauissante
Que forme cette Onde innocente,
C'est qu'on ne parle que des yeux,
Pour se bien exprimer sur vne amour naissante.

LA FORTVNE
DE L'HERMAPHRODITE.

SONNET.

LES Dieux me faisoient naistre, & l'on s'infor-
　ma d'eux
　Quelle sorte de fruit accroistroit la famille,
　Iupiter dit, vn fils, Venus dit, vne fille,
　Mercure, l'vn & l'autre, & ie fus tous les deux.
On leur demande encor quel seroit mon trespas :
　Saturne d'vn lâcet, Mars d'vn fer me menace,
　Diane d'vne eau trouble : & l'on ne croyoit pas
　Qu'vn diuers prognotiq marquast mesme disgrace.
Ie suis tombé d'vn saule à costé d'vn estang,
　Mon poignard desgainé, m'a trauersé le flanc,
　I'ay le pied pris dans l'arbre, & la teste dans l'onde.
O sort donc mon esprit est encore effroyé !
　Vn poignard, vne branche, vne eau noire & profonde,
　M'ont en vn mesme temps meurtry, pendu, noyé.

LE NAVIRE

SONNET.

IE fus, Plante superbe, en Vaisseau transformée.
Si ie crus sur vn Mont, ie cours dessus les eaux :
Et porte de Soldats vne nombreuse Armée,
Apres auoir logé des Escadrons d'Oyseaux.

En rames, mes rameaux se treuuent conuertis ;
Et mes feüillages verds, en orgueilleuses voiles :
I'ornay iadis Cybelle, & i'honore Thetis
Portant tousiours le front iusqu' aupres des Estoilles.

Mais l'aueugle Fortune a de bisares loix :
Ie suis comme vn joüet en ses volages doits,
Et les quatre Elemens me font tousiours la guerre.

Souuent l'Air orageux trauerse mon dessein,
L'Onde s'enfle à tous coups pour me creuer le sein;
Ie dois craindre le Feu, mais beaucoup plus la Terre.

MEDEE

MEDEE

EN POIGNARDANT

ſes enfans.

NE croy pas me fleſchir , homme ingrat & ſans
foy :
Deſormais ton reſpect n'a rien qui me retienne.
En perdant tes enfans , il faut qu'il te ſouuienne
Que ie perdis mon frere & mon pere pour toy.
Va t'en faire l'amour à ta nouuelle femme ;
Elle bruſle aujourd'huy d'vne ſi viue flamme
Qu'elle ne rira pas de mes derniers malheurs :
Apren luy les tranſports de ma rage inſenſée,
Et ſi ie m'enten mieux, quand ie ſuis offencée,
A reſpendre du ſang, qu'à reſpendre des pleurs ?

SVR
LA VACHE
DE MYRON.

CEtte Vache est si fort naïfue
Qu'vn Boußier la veut r'enfermer.
Vn Boucher qui l'estime viue,
La marchande pour l'assommer.
Vn Loup plein d'espoir & de joye
Essayant d'en faire sa proye,
De ses dents de Bronze a touché.
Deux Torreaux la voyant si belle,
Si tost qu'ils en ont approché,
Se sont batus pour l'amour d'elle.

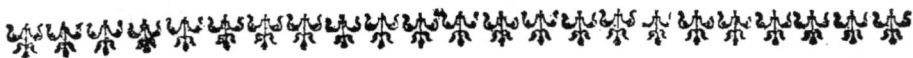

L'ACCIDENT
MERVEILLEVX.

SONNET.

VN Chaſſeur rencontrant vn Sanglier d'auāture
Que d'vne Pertuiſanne il perça brauement;
Marcha ſur vn aſpic dans le meſme moment,
Qui luy fit à la jambe vne grande bleſſure.
Tous trois ſont outragez, & vangez d'vne iniure,
Par deſſein, par hazard, & par reſſentiment:
Et chacun tout à coup reſſent mortellement
Le fer, le talon bruſque, & la viue pointure.
Sur ces trois accidents arriués à la fois
Chacun fremit, ou fiſle; ou ſe plaint dans le bois
Touché d'vne douleur qui n'a point d'alegeance.
Et du dernier ſommeil preſſez en meſme temps,
Tous trois ſont mal-heureux, & tous trois ſont
contents
Voyans deuant leurs yeux leur mort & leur van-
geance.

R ij

LA
GVERISON
MIRACVLEVSE.

Soit que mon mal fuſt du reſſort
Ou du poumon, ou de la rate;
I'eſtois tout haut iugé pour mort,
Par tous les Enfans d'Hypocrate.
On s'eſtonne que Boujonnier
Qui m'a viſité le dernier,
Ait par ma gueriſon deſmenti ces Oracles.
Mais ce n'eſt rien d'eſtrange aux jugemens bien ſains,
Parce que Boujonnier vit comme font les Saints;
Et les Saints ont le don de faire des Miracles.

CONSOLATION
A MADAME
LA PRINCESSE
MARIE
SVR LE TREPAS DE

feu Madame la Ducheſſe de
Longueville ſa tante.

STANCES.

L E Sort dont la rigueur contraire aux belle choſes
    Terniſt ſi toſt les roſes;
Pour les plus beaux Objets a le plus de courroux.
Et c'eſt la raiſon ſeule, ô charmante MARIE!
    De cette barbarie
Que ſa jalouſe humeur exerce contre Vous.

Auſſi, puis qu'il eſt vray que ſa rage s'irrite
　　　A l'eſclat du merite;
Sa hayne ayant touſiours la vertu pour objet :
Tant de perfections releuent voſtre vie,
　　　Que iamais ſon enuie
Ne pouuoit attaquer vn plus digne Sujet.

Mais c'eſtoit bien aſſez que pour le ſort proſperē
　　　De voſtre Illuſtre Pere,
Vous fuſſiez obligée à faire mille Vœux;
Sans qu'vn autre accident fiſt apres tant d'alarmes,
　　　Noyer vos yeux de larmes,
Et mutiner vos mains contre vos beaux cheueux,

La Mort deuoit ſans doute aprehendant vos plaintes,
　　　Differer les attaintes
Dont elle a triomphé de l'honneur de ces lieux :
Et bien que ſa rigueur ne face point de grace,
　　　Porter à voſtre Race
Le reſpect qu'elle porte à la Race des Dieux.

Elle deuoit au moins exerçant sa puissance,
Surprendre en voftre absence
Ce miroir de Vertu qui n'eut point de pareil :
Puisqu'à bien raisonner, c'eftoit vne auanture
Qui choquoit la Nature,
De luy rauir le iour dans les bras d'vn Soleil.

Mais apres tant de cris, de larmes & de plaintes,
Et d'actions si faintes
Que vos fages foucis difpenfent à propos.
Apres tant de foûpirs que voftre cœur redouble,
Ne viuez plus en trouble
Pour vn Sujet qui goufte vn eternel repos.

Apres auoir payé deffus fa fepulture
Les droits de la Nature
A quoy vos fentimens fe treuuent obligez :
Ne croyez pas toufiours en r'ouurant vos bleffures
Reietter les cenfures
Que la raifon veut faire à vos fens affligez,

On attend d'vn Objet qui merite des Temples
    Les Illuſtres exemples
D'vne grande Conſtance en de grandes douleurs ;
Et l'on eſpere encor , que vos beautez diuines
    Franchiſſant des Eſpines ,
Meriteront enfin de marcher ſur des Fleurs

A MONSIEVR

A MONSIEVR

LE COMTE

DE MONS, PREMIER
MAISTRE D'HOSTEL DE

Monseigneur le Duc d'Orleans.

CONSOLATION

Sur la Mort de M. de CLEMENS son Frere.

STANCES.

QV'elle triste manie auec tant de transport
　　Te fait injurier les Astres & le Sort,
Te fournissant tousiours des pleurs & des reproches?
As-tu fait vn dessein de quereller les Dieux,
Et comme les Titans, veux tu prendre des roches
　　Pour les lancer contre les Cieux?

S

Tant de jours eſcoulez auecque tant de nuits,
N'ont ils fait iuſqu'icy qu'irriter des ennuis
Dont vn ſage Conſeil n'auoit ſçeu te diſtraire :
Et veux tu qu'il ſoit dit que le meſme poiſon
Qui gagna ton eſprit, quand tu perdis ton frere,
   T'ait fait perdre encor la raiſon ?

Reſſouuien-toy qu'apres les premiers mouuements
Dont le plus iuſte ennuy preſſe nos ſentimens,
Il faut que la ſageſſe en noſtre deüil preſide ;
Et que mettre ta vie en cette extremité,
C'eſt indiſcretement meſler vn homicide
   Dans vn acte de pieté.

L'impitoyable froid qui tranſit tous les corps
Et rend par ſa rigueur les arbres demi morts,
Ne fait qu'vn certain temps durer ſa violence ;
Et les vents mutinez qui ſouleuent les flots,
Ne regnent pas touſiours auec cette inſolence
   Qui fait paſlir les Matelots.

Zephir qui leur succede en courant l'Vniuers,
Y fait ressusciter encor des rameaux vers,
Et d'vn soufle benin rajeunit toutes choses :
Alors, on ne sent plus de si faScheux frissons
Et les meSmes Vergers se couronnent de roses,
    Qui se herissoient de glaçons.

Donne donc quelque terme à ces grands desplaisirs,
Et fais en fin cesser ces pleurs & ces soûpirs
Dont la trop longue suitte est si digne de blâme :
Veux-tu contre tout ordre & contre tout discours
Sur ce triste accident, introduire en ton ame
    Vn hiuer qui dure touſiours ?

Tes Peres indomteZ, de qui le souuenir
Passe auec tant de gloire aux siecles auenir,
N'ont point changé de front aux plus grandes alarmes,
Et le nombre infini de ceux qu'ils ont veincus,
Se peut encore voir dans le champ de tes armes.
    Semé de lances & d'escus.

Et toy qu'auecque foin , la Nature & les Cieux
Firent fur le patron de ces dignes Ayeux,
Pour exprimer au vif tout ce qu'on en raconte :
Seras tu terraffé d'vn feul coup de malheur,
Et faut il que ton ame auecque tant de honte
  Se laiffe veincre à la douleur?

L'inuincible Troyen que la gloire animoit
Fut priué comme toy d'vn Frere qu'il aymoit,
Ainfi qu'ils fe mefloient dans vne Greque bande :
Mais bien qu'il fut touché d'vn fentiment humain ;
S'il pleura tout vn iour d'vne perte fi grande ,
  Il s'arma des le lendemain.

Il ne fe porta point a mourir pour vn mort :
Son efprit refolu contre le mauuais fort ,
Aux coups de fa douleur fit plus de refiftance
Regarde fon image en cette auerfité ;
Et penfe que tu dois imiter fa conftance ,
  Comme fa generofité.

DEMONTS, dans les malheurs qu'on ne peut
  euiter
C'eſt accroiſtre ſon mal que de s'en tourmenter;
Cette ordonnance paſſe encor qu'on en murmure.
Et par la fermeté d'vn courage conſtant
Lors qu'on ne peut gauchir la mauuaiſe auanture,
  On la braue en la ſuportant.

CONSOLATION

A SON

CHER AMY.

STANCES.

A CASTE, c'est assés pleurer,
Ta douleur est trop obstinée :
Cesse enfin de plus murmurer
Contre la Destinée ,
Et finissant vn si grand dueil
Laisse les morts dans le cercueil.

Ie sçay bien que ton pere auoit
Tant de vertus & tant de charmes,
Que ta pieté luy deuoit
    Vn deluge de larmes.
Mais quoy ? tes pleurs moüillent ses os.
Et tes crys troublent son repos.

Ainsi le Troyen exilé
Lors que sa ville eust esté prise,
Eut besoin d'estre consolé
    Sur le trespas d'Anchise ;
Qu'il auoit si pieusement
Titré hors de l'embrasement.

Mais quand il eut bien lamanté
Et rendu par vn sacrifice
L'infernale Diuinité
    A ses Ombres propice,
Il chercha l'Empire Latin
Que luy promettoit le Destin.

'A quoy seruent les longs ennuys
Par qui la couleur t'est rauie;
Si ce n'est à changer en nuicts
Les beaux iours de ta vie,
　　Et consumer prés d'un Tombeau
Ce que ton âge a de plus beau?

Ne sçay tu pas qu'ingrattement
Le Sort Tyran des belles choses,
Ne laisse durer qu'vn moment
　　Le vif éclat des Roses?
'Et qu'il a l'imité nos iours
Par des termes qui sont si cours?

Pense donc à te consoler,
Et venir presenter ton ame
'A cet Astre qui sçait brusler
　　D'vne diuine flame:
Et qui te promit l'autre iour
D'estre sensible á ton amour.

L'INFANTE

L'INFANTE
ISABELLE
A L'AGONIE.
SONNET.

Voicy le triste coup d'vn funeste malheur,
Noſtre ISABELLE arriue à ſõ heure derniere
Et ſon corps affoibly va manquer de chaleur,
Luy dont iamais l'eſprit n'a manqué de lumiere.

Sa belle ame exerçant ſa bonté couſtumiere,
Conſole tous les ſiens de ſa propre douleur:
Elle aperçoit le Ciel au bout de ſa carriere,
Et touche en combattant, le prix de ſa valeur.

Comme ſes ſentimens, ſa parole eſt diuine;
C'eſt touſiours en luiſant que cet Aſtre decline,
Et parmy la ſplendeur ſon cours eſt terminé.

O l'agreable odeur de ſa lumiere eſteinte!
Elle rend ſon depoſt comme il luy fut donné:
Elle vit comme vn Ange, & meurt cõme vne Saincte.

T

SVR LE TRESPAS
DE LA SERENISSIME
PRINCESSE
ISABELLE
CLAIRE EVGENIE
Infante d'Espagne.

STANCES.

PAR vne loy fatale, autant comme elle eſt dure,
  Et dont aucun mortel ne ſe peut affranchir:
Noſtre grande ISABELLE eſt dans la ſepulture,
Et les Cieux entr'-ouuerts, viennent de s'enrichir
Du plus rare treſor qui fuſt en la Nature.

Le respect de son sang fertile en grands Monarque,
Et qui ne peut iamais estre plus anobly,
Ny ses grandes vertus, de qui les belles marques
Ont preserué son nom du voile de l'Oubly,
N'ont peu la garentir de la rigueur des Parques.

La Flandre la vint voir portant cent belles Villes,
Peintes sur vn manteau de fin pourpre de Tyr,
Qui plaignit plus son mal que ses guerres ciuiles,
Et fondant toute en pleurs en la voyant partir,
Fit pour la retenir mille vœux inutiles.

Vne ieune Beauté que l'Vniuers adore,
Parut comme vn Miracle en ce triste accident:
On la veid, dans le dueil qu'elle nourrist encore,
Assister ce Soleil pres de son Occident,
Ayant auec le teint, les larmes de l'Aurore.

Quand ce funeste coup respondant à nos craintes,
Trahit nostre esperance & tant de iustes vœux,
L'Air retentit par tout de milles tristes plaintes;
Et la Nuit dans le dueil esteignit tous ses feux,
Voyant en ce Climat tant de clartez esteintes.

T ij

O vif & prompt esclair de la splendeur mortelle,
Qui nous viens esblouïr, & ne fais que passer!
Il ne reste plus rien que le nom d'ISABELLE,
De tant de qualitez qui nous faisoient penser,
Que le flambeau du iour finiroit auec elle.

Sourde, & aueugle & muette au tombeau qui
    l'enferre,
Elle n'oit plus nos bruits qui troubloient son sommeil,
Elle n'aperçoit plus tant d'apareils de guerre;
Et montant dans le Ciel claire comme vn Soleil,
Son Ame n'a laissé qu'vn Tronc dessus la terre.

Mais si son corps ressemble aux insensibles souches,
Au moins la Renommée en parle en mille lieux:
Elle en fait souspirer les cœurs les plus farouches,
Lors que pleurant sa perte auecque ses cent yeux,
Elle conte sa gloire auec autant de bouches.

SVR LA MORT
de la mesme
PRINCESSE
SONNET.

LA mort vient d'arracher vn Lys, dont la candeur
Estoit en la Nature vn aymable prodige :
Il parut toufiours humble, encore que fa tige
Efleue iufqu'aux Cieux fa fuperbe grandeur.
Son Soleil l'enflamoit auecque tant d'ardeur,
Que fa fin trop haftée auiourd'huy nous afflige.
Helas ! on n'en void plus ny marque, ny veftige,
Mais par tout il en refte vne excellente odeur.
O rare & digne Fleur, de Vertus compofée !
Et de grace diuine en tout temps arofée,
Vous deuiez bien auoir vn plus durable cours :
Mais quoy voftre auanture a quantité d'exemples,
On vous a mife au Ciel, & l'on void tous les iours
Que l'on cueille les fleurs pour en parer les Temples.

A LA
REYNE MERE
fur la mort de l'Infante
ISABELLE.
SONNET.

REYNE dont la constance est si grande & forte
  Que les coups du malheur ne peuuent l'esbranler;
  Tous vos autres ennuys ne peuuent s'égaler
  Au nouueau desplaisir que vostre ame suporte.
Quandl'INFANTE mourut vous parustes de sorte
  Pasle, sans mouuement & sans pouuoir parler,
  Qu'on ne discernoit plus laquelle estoit la morte,
  Et laquelle des deux il faloit consoler.
Vous n'ouuristes les yeux en ces tristes alarmes,
  Que pour les employer à montrer par vos larmes,
  Que vous auiez au cœur de sensibles douleurs.
Grand DIEV, soyez touché d'vne amitié si tendre
  De grace, veüillez faire en faueur de ses pleurs,
  Qu'elle n'ait iamais plus de suiet d'en respandre.

A MADAME
SVR LE TRESPAS DE
l'Infante.

SONNET

RAce de cent Heros, qui dans la Palestine
Sur la Palme conquise ont arboré la Croix;
Et qui sortant du sang de tant de braues Rois;
N'auez point desmenti vostre grande origine;
Le Sort vous persecute, ô PRINCESSE diuine?
Qui deuriez respirer sous de plus douces lois:
Mais i'espere que c'est pour la derniere fois
Que sa rigueur iniuste à vous nuire s'obstine.
Voicy le dernier dueil qui vous fera pleurer,
Et vostre pieté s'en doit bien asseurer,
Quoy qu'à vostre bon-heur on mette tant d'ostacles.
ISABELLE en viuant estoit vostre suport;
Et vostre paix sera l'vn des premiers miracles
Qu'en sa faueur les Cieux feront apres sa mort.

A MONSIEVR
D'ANDELOT
SVR LA MORT DE
l'Infante sa Maistresse.

ANdelot ta PRINCESSE a dõc fermé ses yeux,
Son ame vers le Ciel a repris sa volée;
Et laissant auiourd'huy la Terre desolée,
Va gouster de la ioye en de plus dignes lieux.
Retenuë icy bas sous vn voile ennuyeux,
De sa saincte Patrie elle estoit exilée:
Et bruslant du desir de s'y voir rapellée,
Elle se preparoit à retourner aux Cieux.
Maintenant ses vertus l'ont mise au rang des Anges,
Et Dieu qui la reçoit à chanter ses loüanges,
La couronne de gloire & d'immortalité.
Ne t'obstine donc pas à pleurer ISABELLE;
Tu l'as tousiours seruie auecque trop de zele,
Pour t'affliger ainsi de sa felicité.

A MADAME

A MADAME
DV VIGEAN
SVR

Vn bruit qui courut que Monsieur de Faurs son fils,
auoit esté blessé à la jambe au Camp d'Aras.

SONNET.

Mere d'vn jeune Achille à qui le sort des armes
Paroist auantageux mesme dans le malheur;
Si ce bruit vous dispose à verser quelques larmes
Respendés en de joye , autant que de douleur.
Vostre vaillant Heros , incomparable en charmes,
S'est n'aguere emporté d'vne noble chaleur;
Son bras qui s'est fait craindre en de grâdes alarmes,
A du sang Espagnol illustré sa valeur.
Bien qu'il ait dans la jambe vne grande blessure;
Vn Oracle fameux aujourd'huy nou asseure
Qu'il se doit signaler en mille autres combas,
Et que s'estant aquis vne place en l'Histoire,
Ce petit accident ne l'empeschera pas
D'arriuer de bonne heure au Temple de la Gloire.

V

TOMBEAV

LEs soins d'vne fidelle amour
Ont mis sous ces pierres luysantes
Vn cœur qui seruit de sejour
A mille Vertus eclatantes.
La Sagesse, la Pieté,
La Valeur & la Probité,
Y furent iusqu'au dernier terme :
O sort digne d'estonnement !
Il semble qu'icy l'on renferme
Vn Temple dans vn Monument.

SVR LE
TOMBEAV
DE MONSIEVR, LL.

PVisqu'au jourd'huy ce Heros sans pareil
Qui deuoit viure autant que le Soleil,
A rendu l'ame & n'est plus rien que poudre.
Qui pourra croire, ô Destins enuieux,
Que les Lauriers soient exempts de la foudre
Et que la mort n'attaque point les Dieux?

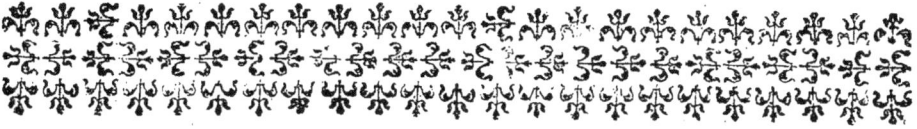

SVR LA MORT

de feu Monfieur

LE MARQVIS
D'ATICHI.

CE Garçon noble & genereux
S'il en fut jamais fur la Terre;
A fenty les traits rigoureux
De la fortune de la guerre.
Ses Amis pleurent fon malheur;
Mais il fit voir trop de valeur
A l'heure qu'il perdit la vie.
On l'en plaint moins de la moitié
Car fa gloire fait plus d'enuie,
Que fa mort ne fait de pitié.

TOMBEAV
de feu
M A D M E.
** ** SONNET.

Celle de qui le corps est dans ce Monument
  Et l'ame fut au Ciel par les Anges rauie,
Eut vn si beau destin, que l'on void rarement
  Ny de plus belle mort, ny de plus belle vie.
L'éclat de ses beaux yeux charmoit si doucement
  Qu'on se plaisoit d'y voir sa franchise asseruie;
Et ses grandes Vertus gaignoient egalement
  La voix de la Iustice & celle de l'Enuie.
Cet Objet dont l'esprit fut si fort & si doux,
  Rendit de son honneur tout son sexe jaloux,
  Et condamna le nostre à d'éternelles larmes.
Passant qui de sa gloire aprendras le discours,
  Si tu verses des pleurs autant qu'elle eut de charmes,
  Tu pourras bien pleurer le reste de tes jours.

A MADAME
DE GOVRNAY
SVR LA MORT DE
Madamoiselle sa fille.

SONNET.

APres auoir fermé les yeux d'Amarillis,
Voſtre eſprit ſe tourmente & iamais ne repoſe ;
Tous vos contentemens ſemblent enſeuelis
Dans le meſme ſepulchre ou la belle eſt encloſe.

Il eſt vray que c'eſtoit vne agreable choſe ;
C'eſtoit meſme vn Chef d'œuure & des plus acöplis.
On voyoit en ſon teint la pudeur d'vne Roſe
Comme le vif l'eſclat & la blancheur d'vn lys.

Mais ſi noſtre Sa+eur prit cette Fleur nouuelle
Pour en parer les Cieux & la rendre jmmortelle,
Quelle raiſon vous porte à verſer tant de pleurs ?

C'eſt mal vous ſouuenir de ſes bontez diuines,
Faut-il auoir regret s'il emporte nos fleurs,
Il a bien pris le ſoin de porter nos eſpines ?

A MONSIEVR
DEGOVRNAY
SVR LA PERTE DE
deux de ſes Enfans.

TON Ame reſſent des douleurs
Qui ne ſont pas imaginables;
Mais ne meſle pas dans tes pleurs
Des plaintes qui ſoient condemnables.
Commence d'eſſuyer tes yeux,
Et garde d'irriter les Cieux
Leur faiſant d'iniuſtes reproches.
Quoy GOVRNAY te plains tu quand tu
  voids auancer
Deux Amis ſi parfaits & qui te ſont ſi proches,
Dans cette meſme Cour ou tu veux te pouſſer?

EPITAPHE
D'VN ENFANT
AVEVGLE NAY.

Cr gist vn jeune aueugle nay
Qui ne fut point empoisonné
D'orgueil d'auarice , ou d'enuie ;
A t'il a se plaindre du Sort ?
Il n'a rien veu durant sa vie ;
Mais il veid tout apres sa mort.

CONSOLATION

CONSOLATION
A MADAME ***
SVR LA MORT DE
son Mary.

STANCES.

LA source de vos pleurs n'est-elle point tarie;
Et deuenant vne ombre alantour d'vn Cercüeil,
Voulez vous imiter la Reyne de Carie
    En la vanité de son düeil!

Apres tant de regrets, que vous faites entendre,
Sur les restes d'Iphis auez vous fait dessein,
Preparez vous vne Vrne à cette belle cendre
    Dans l'albastre de vostre sein?

X

Quoy?penſez-vous touſiours conſeruant la triſteſſe
Dont voſtre cœur ſurpris ſe laiſſe conſommer,
A la honte du temps ⁊ de voſtre ſageſſe,
　　　Faire gloire de bien aymer?

En marbre élabouré toutes les Vertus pleignent
Celuy dont la memoire irrite vos douleurs;
Faut-il auec cela que vos beaux yeux s'eſteignent
　　　Par l'abondance de vos pleurs?

Auez vous reſolu de deſtruire vos charmes,
En oppoſant au ſort d'inutilles efforts:
Comme ſi les regrets, les ſoûpirs, ⁊ les larmes.
　　　Pouuoient reſſuciter les morts.

Conſolés-vous Madame, ⁊ dans cette aduenture,
Dont les reſſentimens ſont ſans comparaiſon:
Apres auoir payé les droicts de la Nature,
　　　Penſez à ceux de la Raiſon.

Confiderez l'Amour qui pleurant fur vos traces,
Rompt fes traits & fon arc, & jette fon flambeau
Pour s'aller confiner auec vous & les Graces,
Dans l'obfcurité du Tombeau.

X ij

SVR LE TRESPAS
DV GRAND SCEVOLE
DE SAINTE MARTHE.
SONNET.

Cet esprit si fameux entre les grands Esprits,
Muses, le grand SCEVOLE est dans la sepul-
  ture,
Et ses rares Vertus ny ses diuins Escrits,
N'on peu le garentir des loix de la Nature.

Augmentés cette ardeur dont ie me s'en espris
Pour en laisser au monde vne viue Peinture :
Et faites, doctes Sœurs, que i'emporte le prix
Sur tous ceux qui plaindront cette triste auanture.

Mais dans ce haut dessein i'ay beau vous inuoquer,
Vos faueurs tout à coup me viennent de manquer,
En ce pieux trauail, en vain ie me consomme.

O Destins ensieux du bien de l'Vniuers !
N'auriés vous point détruit, auecque ce grand homme,
Les neuf Diuinitez qui font faire des Vers ?

LA BELLE
ESCLAVE MORE
SONNET.

BEau Monstre de Nature, il est vray, ton visage
Est noir au dernier point, mais beau parfaitement:
Et l'Ebene poly qui te sert d'ornement
Sur le plus blanc yvoire emporte l'auantage.

O merueille diuine incognëe à nostre âge!
Qu'vn objet tenebreux luise si clairement;
Et qu'vn charbon esteint, brusle plus viuement
Que ceux qui de la flâme entretiennent l'vsage!

Entre ces noires mains ie mets ma liberté;
Moy qui fut inuincible à toute autre Beauté,
Vne More m'embrase, vne Esclaue me domte.

Mais cache toy Soleil, toy qui viens de ces lieux
D'où cét Astre est venu, qui porte pour ta honte
La nuict sur son visage & le iour dans ses yeux.

X iij

INQVIETVDES APPAISEES.

SONNET.

Meurs, timide penser ennemy de ma joye
Qui portes dans mon sein la tristesse & la,
mort;
Mes jours furent filez d'vne si belle soye
Que ie n'ay point à craindre aucun funeste sort.

Desloge de mon cœur, ce n'est pas vne proye
Où tu doiues porter ton insolent effort :
Amour en deux beaux yeux d'vn regard me foudroye
Si ie croy de mes sens le perfide rapport.

Ce n'est pas que ie pense auoir tout le merite
Qui pourroit retenir l'esprit de Roselite :
I'aurois trop d'insolence & trop de vanité.

Mais c'est sur sa vertu que mon espoir se fonde :
Car ie sçay que la foy d'vne Diuinité
Surpasse en fermeté les fondemens du Monde.

L'IMPRIMEVR

au Lecteur.

I'Ay à t'auertir que la confolation de Madame la Princeffe Marie, que tu as veüe en la page 133. n'eft rien qu'vn fragment d'vne piece plus longue qui s'eft perdüe auec d'autres Ouurages de l'Autheur. Tu l'auras quelque iour plus complette. Treuue bon que ces deux Sonnets d'amour fuiuent ces vers Lugubres, encore que ce ne foit pas leur ordre, il n'y a pas eu moyen de les placer en leur rang, pource qu'ils font venus vn peu tard.

O D E.

M. DC. XXXXI.

A
MONSEIGNEVR
LE GRAND.

O D E.

Eros ieune & comblé d'honneur,
Pour qui la Gloire & le bon-heur
Ont vne étroite sympatie ;
CINQMARS, c'est vn commun discours,
Que les Graces & les Amours
Se treuuerent de la partie,
Quand la trame fut assortie
Dont la Parque fila vos iours.

ODE.

Ces Flambeaux qui du Firmament
Respandent le temperament
Et le sort de toutes les choses;
Les Astres qui d'vn Art si beau
Font que de feu , de terre & d'eau,
Tant de merueilles sont écloses;
Ne firent pleuuoir que des roses
Sur le tour de vostre Berçeau.

Ces admirables Artisans
De leurs plus superbes presens,
Vous ont fait vn riche partage.
Iamais leur celeste action
Ne peut faire d'impression,
D'esprit , de grace & de courage,
Qui fasse éclater vn Ouurage
Auec plus de perfection.

ODE.

Tel pouuoit estre ce Heros
Que l'on exposa sur les flots
Par vne si noire pratique.
Ce Prince qui d'vn bras fatal,
Deliura de crainte & de mal
La belle Princesse d'Affrique;
Et sur la Mer Ethiopique
Fit durcir le premier Coral.

Tel peut estre representé,
Ce Grec charmant & redouté
De qui la vie est si brillante:
Lors qu'auant le sac d'Ilion,
Il alloit sur le Pelion
Exercer son ardeur boüillante;
Et reuenoit la main sanglante
De la mort de quelque Lion.

ODE

Voſtre merite glorieux
Eſteint celuy des demy-Dieux
Dont éclate la Poëſie ;
Et l'on confeſſe d'vne voix
Que ce fut par vn iuſte choix
Que voſtre Image fut choiſie
Pour entrer dans la fantaiſie
Du plus digne de tous les Rois.

Vos immortelles actions
Rendent ſes inclinations
Si iuſtes & ſi raiſonnables,
Que l'Enuie aux fiévreux accés
Qui ſoupire des bons ſuccés,
Treuue ces faueurs equitables;
Ou les tient pluſtoſt condemnables
Pour le défaut, que pour l'excés.

ODE.

Diuinité sans iugement,
Et qui de ton aueuglement
Donnes de si visibles marques;
Toy dont les caprices legers
Qui president dans les dangers,
Sauuent & perdent tant de Barques,
Donnant des fers à des Monarques,
Et des Sceptres à des Bergers.

Inconstant Demon du hazard,
Fortune, tu n'as point de part
Au bon-heur de sa Destinée.
Quelqu'auantage qu'il ait eu,
L'honneur dont il est reuestu
T'a publiquement entrainée;
Et comme vne Esclaue enchainée,
Tu suy le Char de la Vertu.

TRISTAN.

NIL SOLIDVM.

PRIVILEGE DV ROY.

LOVIS par la Grace de Dieu, Roy de France & de Nauarre. A nos amez & feaux Conseillers, les gens tanans nos Cours de Parlement, Maistres des Requestes ordinaires de nostre Hostel, Baillifs, Seneschaux, Preuosts, leurs Lieutenans, & tous autres de nos Iusticiers, & Officiers qu'il appartiendra, Salut. Nostre bien amé AVGVSTIN COVRBE' Libraire à Paris, nous a fait remonstrer qu'il desireroit imprimer l'Orphée & autres pieces de TRISTAN L'HERMITE, Escuyer S. de Chaulier, Gentilhomme ordinaire de Mons. Frere du Roy, s'il auoit sur ce nos Lettres necessaires, lesquelles il nous a tres-humblement supplié de luy accorder : A CES CAVSES, Nous auons permis & permettons à l'exposant d'imprimer, vendre, & debiter en tous lieux de nostre obeyssances l'Orphée & autre pieces de Tristan, en telles marges, en tels caracteres, & autant de fois qu'il voudra, durant l'espace de 7. ans entiers & accomplis ; à compter du iour quelles seront paracheuées d'imprimer pour la premiere fois ; Et faisons tres-expresses deffences à toutes personnes, de quelque qualité & condition qu'ils soient, de l'imprimer, ny faire imprimer, vendre ny distribuer, en aucun endroit de ce Royaume, durant ledit temps, souz pretexte d'augmentation, correction, changement de tiltre, ou autrement, en quelque sorte & maniere que ce soit, à peine de quinze cens liures d'amende, payables sans deport par chacun des contreuenans, & applicables vn tiers à Nous, vn tiers à l'Hostel Dieu de Paris, & l'autre tiers à l'exposant; de confiscation des exemplaires contrefaits, & de tous despens, dommages & interests : à condition qu'il en sera mis deux exemplaires en nostre Bibliotheque publique, & vne en celle de nostre tres-cher & feal le sieur Seguier Chancelier de France, auant que de l'exposer en vente, à peine de nullité des presentes : Du contenu desquelles nous vous mandons que vous fassiez iouïr plainement & paisiblement l'exposant, & ceux qui auront droit d'iceluy, sans qu'il leur soit fait aucun trouble ny empeschement. Voulons aussi qu'en

mettant au commencement, ou à la fin dudit dudit Liure vn bref Extraict des presentes, elles soient tenuës pour deuëment signifiées, & que foy y soit adiouftée, & aux copies d'icelle, collationnées par l'vn de nos Amez & feaux Conseillers & Secretaires, comme à l'Original. Mandons aussi au premier nostre Huissier ou Sergent sur ce requis, de faire pour l'execution des presentes, tous Exploits necessaires, sans demander autre permission; CAR tel est nostre plaisir, nonobstant oppositions ou appellations quelconques, & sans preiudice d'icelles, Clameur de Haro, Chartre Normande, & autres Lettres à ce contraires. DONNE' à Paris le vingt-vniesme iour d'Octobre, l'an de grace mil six cens quarante-vn. Et de nostre Regne le trente-deuxiesme, Par le Roy en son Conseil. Signé,
CONRART.

Les Exemplaires ont esté fournis, ainsi qu'il est porté par le Priuilege.

Acheué d'imprimer le 12. iour de Nouembre 1641.

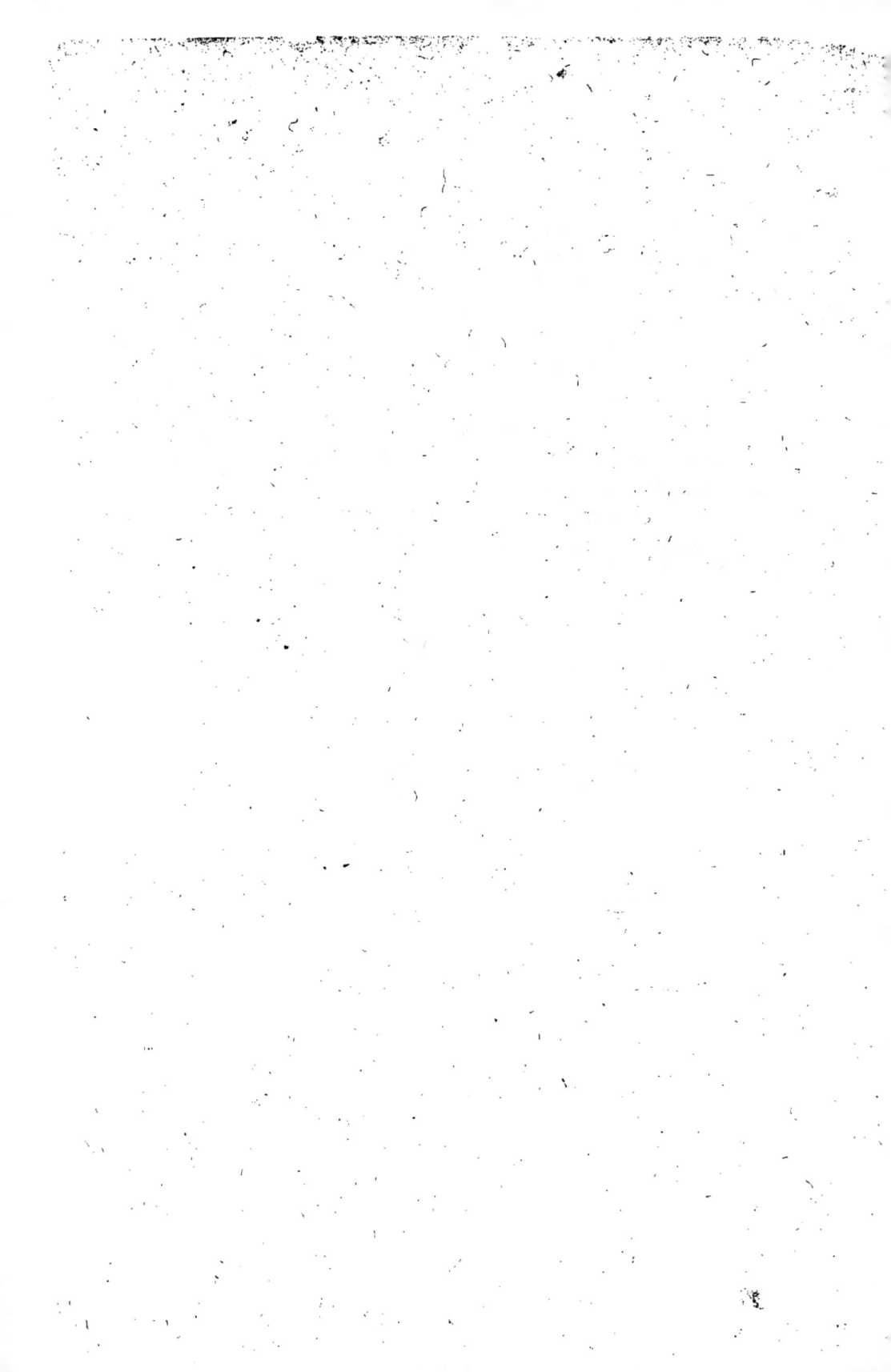

www.ingramcontent.com/pod-product-compliance
Lightning Source LLC
Chambersburg PA
CBHW070600100426
42744CB00006B/360